Denn der Buchstabe tötet,
der Geist aber macht lebendig.
2 Kor. 3.6

Werner Kaiser

Bin ich noch Christ?

Gedanken
zur Situation des Christentums

Bibliografische Information der Deutschen Nationalbibliothek:
Die Deutsche Nationalbibliothek verzeichnet diese Publikation in der Deutschen Nationalbibliografie; detaillierte bibliografische Daten sind im Internet über http://dnb.d-nb.de abrufbar.

Foto auf der Umschlagseite: Heidy Grätzer

Herstellung und Verlag: Books on Demand GmbH, Norderstedt

ISBN 9783734762796

Inhaltverzeichnis

Ein persönliches Vorwort
Einführung

1. Kapitel: Ursprung und Entwicklung 11
  1 Kurze Übersicht über den Weg des
    Christentums
  2 Die Quellen
  3 Dogmen – ewige Wahrheiten?
  4 Der Weg der Mystik

2. Kapitel: Jesus – Mensch und Mythos 49
  1 Jesus, der Prophet aus Nazareth
  2 Aus Jesus wird Christus
  3 Zum heutigen Verständnis des Christus-Mythos
  4 Die Frage der Erlösung
  5 Spuren des »Christus« in der neueren Zeit

3. Kapitel: Die Frage nach Gott 79
  1 Gottesvorstellungen in der Geschichte
  2 Der Gott der Philosophen
  3 Gott und die Naturwissenschaften
  4 Der erfahrbare Gott
  5 Existiert nun Gott?
  6 Die Frage nach der Gerechtigkeit
  7 Maria – das Weibliche in Gott

4. Kapitel: Christliche Lebensführung 109
  1 Aus der Gotteserfahrung leben
  2 Von der Moral zu einer Ethik der Liebe
  3 Beten – oder lieber schweigen?
  4 »Christus« im eigenen Leben verkörpern
  5 Leben für ein Jenseits?

5. Kapitel: Christ sein in Gemeinschaft 135

   1 Die Kirchen – ein Auslaufmodell?

   2 Vision einer kommenden Kirche

   3 Eine neue Sprache finden

   4 Ökumene – Einheit in der Vielfalt

   5 Neue Formen kirchlichen Wirkens

Ausblick

Anmerkungen

Ein persönliches Vorwort

In dieser Schrift geht es um die Frage, was aus dem Christentum werden soll. Der Geist des Christentums war die Grundlage der europäischen Kultur. Hat er sich verflüchtigt? Sind neue Werte an seine Stelle getreten? Ist die Zeit des Christentums abgelaufen? Oder sammelt es sich in der jetzigen Krise zu einer neuen Form? Ich selber, gehöre ich dazu? Bin ich noch Christ? Und was bedeutet das für meine Lebensführung, für meinen konkreten Alltag?

Seit mehr als fünfzig Jahren setze ich mich mit dem Christentum auseinander. Als junger Mann suchte ich die Wahrheit mit Argumenten zu ergründen. Eine Erfahrung erschloss mir dann den Bereich jenseits des Denkens. Das Leben im Kloster brachte mir die Schätze der Vergangenheit zum Bewusstsein, wenn auch oft in verflachter Form. Krisen führten mich aus vorgetretenen Pfaden in selbst verantwortete Positionen. Vieles, was mir mitgegeben wurde, musste ich abstreifen. Ich brauchte Distanz, um mich aufgrund eigener Erfahrungen wieder den Grundwerten des Christentums zu nähern. Mit vorsichtiger Anteilnahme schaue ich heute auf das kirchliche Geschehen. Ich fühle mich dem Christentum noch verbunden. Ich werfe einen kritischen, aber doch warmen Blick auf Entwicklungen im kirchlichen Bereich.

Thun, Februar 2015

Einführung

> »Der Wind weht, wo er will; du hörst sein Brausen, weisst aber nicht, woher er kommt und wohin er geht. So ist es mit jedem, der aus dem Geist geboren ist«. *Johannesevangelium 3,8.*

Der Geist inspiriert, bewegt, nimmt Form an. Formen erstarren. Immer wieder muss der Geist neu gefasst, verstanden, in den Alltag umgesetzt werden. Dogmatisches Festmauern des Erworbenen ist lebensfeindlich und hält den Erwartungen des aufgeklärten Menschen nicht stand. Bibel und Tradition sind formgewordener Geist. Soll aus Form nicht Formalismus werden, müssen auch sie relativiert und durch neue Impulse belebt werden.

Die ersten christlichen Gemeinden haben die Ereignisse rund um Jesus aus ihrer Sicht gedeutet, in ihren Bildern, in ihren Sprachmustern. Es genügt nicht, diese Deutungen zu wiederholen. Kultur, Umfeld, Sprache haben sich inzwischen verändert. Wenn die Inhalte nicht Museumsgegenstände werden sollen, müssen wir sie aus unserm Kontext neu interpretieren.

Das vorliegende Buch ist ein Versuch, schal gewordene Deutungen unter Berücksichtigung heutigen Wissens zu hinterfragen und ein Christentum zu entwerfen, das einem Menschen unserer Tage glaubwürdig erscheinen kann. Grundlegende Fragen der christlichen Religion sollen aufgeworfen werden: Wer war Jesus wirklich? Kann man einen »historischen« Jesus überhaupt auffinden? Existiert Gott? Was sagt die Philosophie, was sagen die Naturwissenschaften dazu? Mit welchen Elementen eigener Erfahrung können wir das

Wort »Gott« verknüpfen? Und wie sieht eine christliche Lebensform aus, die sich auf diese Grundlagen bezieht?

Die Forschung hat über die Ursprünge des Christentums, über das Neue Testament, über die Entwicklungen im Lauf der Jahrhunderte viel erarbeitet. Abgesehen von theologisch Geschulten sind die Resultate noch wenig verbreitet. Sie werden hier zugänglich gemacht und angereichert mit Erfahrungen und Lebensentwürfen aus neuerer Zeit. Sie können für die Leserin, den Leser eine Hilfe sein, die eigene Einstellung zum Christentum zu klären.

Es wäre wünschenswert, über Europa hinauszuschauen und auch die christlichen Lebensformen in Afrika, Asien und Südamerika in die Erwägungen einzubeziehen. Dort stellen sich aus dem sozialen und politischen Kontext oft andere Fragen. Ebenso wäre ein Blick auf die nichtchristlichen Religionen weiterführend. Sie kreisen um das gleiche Geheimnis, mit andern Worten, mit andern Formen. Weil es ein übersichtliches, kleines Buch werden soll, ist das nicht möglich; es muss auf die entsprechende Literatur verwiesen werden[1].

Ich danke allen, die mir bei der Abfassung dieser Schrift geholfen haben. Ihre Rückmeldungen ermöglichten mir, wichtige Ergänzungen und Korrekturen anzubringen. Ganz besonders danke ich meiner Frau Dora Kaiser für ihre regelmässige Durchsicht des Manuskripts und meinem Bruder Peter Kaiser für das Korrekturlesen.

1. Kapitel:

Ursprung und Entwicklung

1 Kurze Übersicht über den Weg des Christentums

Um sich ein Urteil über die Bedeutung des Christentums in unserer Zeit bilden zu können, ist es unerlässlich, etwas zu wissen über seine Geschichte[2].

Jesus und seine Zeit

Jesus wirkte in einem recht unbedeutenden Teil der damaligen Welt. Palästina war 63 vor Christus von der römischen Armee erobert und zu einer römischen Provinz erklärt worden. Der Widerstand der jüdischen Bevölkerung gegen die Besatzung war gross und es kam immer wieder zu Aufständen. Jüdische Lehre, Kultur und Lebensform waren gerade wegen der römischen Besatzung in der Bevölkerung stark verwurzelt. Aber auch die hellenistische Kultur[3], die das römische Reich prägte, war schon überall präsent, auch im ländlichen Galiläa. Es ist durchaus möglich, dass Jesus neben dem heimischen Aramäisch auch griechisch sprach.

Auch religiös war die Situation angespannt. In vielen Teilen der Bevölkerung erwartete man die baldige Ankunft des Messias und die Befreiung Israels aus der Römerherrschaft. Apokalyptische Vorstellungen von Endkatastrophen[4] kursierten; wir finden sie auch in den Evangelien (Markus 13,1 ff.)[5] und vor allem im letzten Buch der Bibel, der Apokalypse.

Jesus war durch und durch Jude; er dachte und lebte im jüdischen Kontext. Sein Wirken beschränkte sich fast ausschliesslich auf die Dörfer rund um den See von Tiberias.

Der Ursprung

Ausgangspunkt des Christentums war der grausame und ernüchternde Tod des Propheten Jesus von Nazareth. Er bedeutete für alle Beteiligten Enttäuschung, Niederlage, Versagen.

In diese Situation fielen die Ostererfahrungen, die uns die Evangelien in der Form legendärer Erzählungen überliefern. Paulus zählt Visionen auf, die mehrere Anhänger Jesu erlebten (1. Korinther 15,5-8). Zum Teil waren es Kollektiverfahrungen (»500 Brüdern zugleich«). Paulus fügt seine eigene Vision[6] in diese Reihe ein. Trotz der Niederlage ging die Bewegung weiter.

Das Ganze musste verarbeitet, eingeordnet, verstanden werden. Man nutzte dazu Passagen aus dem Alten Testament, vor allem die Erzählung vom »Knecht Gottes« (Jesaja 42,1-9), der wie Jesus für die andern gelitten hatte. Der Tod Jesu konnte so als sinnvolles Ereignis gedeutet werden. Auch Erzählungen aus den Religionen der umliegenden Völker wurden genutzt, um das Schicksal Jesu verständlich zu machen.

Von der Christengemeinde zur Staatskirche

Das Christentum begann als kleine Bewegung innerhalb des Judentums. Es gab Wanderprediger, welche die Worte Jesu weitergaben. Es gab Ortsgemeinden, vor allem jene in Jerusalem; dort wurde wohl die Passionsgeschichte erzählt. Es gab die volkstümlichen Traditionen, in welchen die Wunder geschildert wurden. All das floss in die Evangelien ein.

Die Missionierung durch Paulus und die Zerstörung Jerusalems durch die Römer im Jahr 70 veränderten das Bild: Jesus geriet in das Wirkungsfeld der hellenistischen Kultur. Aus dem Propheten aus Nazareth wurde der menschgewordene Gott.

Durch die Missionsreisen des Paulus kam es zu einer raschen Verbreitung im ganzen Gebiet des Römischen Reichs. In vielen Städten gab es jüdische Gemeinden; dort setzte Paulus mit seiner Predigt an. Es kam zu harten Konflikten. Früh schon begann die Verfolgung der christlichen Gemeinden durch den römischen Staat; sie dauerte 250 Jahre lang und forderte je nach Schätzung 10'000 bis 100'000 Opfer. Erst 313 wurde in der »Mailänder Vereinbarung« beschlossen, die christliche Religion zu tolerieren.

Folgenreich war die Anerkennung als Staatsreligion durch Theodosius I. im Jahr 380. Christ sein wurde nun im Römischen Reich vorgeschrieben. Die religiöse Toleranz, die bisher im Reich üblich war, fand ihr Ende. Auch Christen wurden jetzt bekämpft und getötet, wenn sie der offiziellen Lehre widersprachen. Es begann die unheilvolle Allianz mit der Macht[7]. Die römischen Kaiser beriefen kirchliche Konzile ein und nahmen dort Einfluss auch auf theologische Entscheidungen. Päpste und Bischöfe ihrerseits nahmen Einfluss auf die Politik.

Der Weg unter die Völker

Die Ausbreitung des Christentums geschah vorerst innerhalb des römischen Reichs, entlang der Mittelmeerküste: Ägypten, Syrien, Kleinasien, Konstantinopel, Griechenland. Vom 4. Jahrhundert an brachte die germanische Völkerwanderung die Völker nördlich der

Alpen in Kontakt mit der christlichen Lehre. Der Frankenkönig Chlodwig I. liess nach einer gewonnenen Schlacht 496 sich und sein ganzes Reich taufen. An Weihnachten 800 wurde Karl der Grosse zum römischen Kaiser gekrönt; er verband seine Eroberungszüge mit der gewaltsamen Bekehrung der besiegten Völker. Im 9. Jahrhundert begann die Missionierung der Slawen; um die Jahrtausendwende war Russland mehr oder weniger christianisiert.

Als sich das Christentum ausdehnte, nahm es vieles aus der Kultur anderer Völker auf. Es war eine seiner Stärken, auf den bestehenden Kulturen aufzubauen und so deren Kraft als Nährboden für die eigene Praxis zu nutzen. Dabei ergaben sich jeweils auch entsprechende Anpassungen in den Lehraussagen, den Riten und der liturgischen Praxis.

Abseits der Institutionen: die Gnosis

Am Rand des offiziellen Christentums gab es seit dem 2. Jahrhundert eine vielgestaltige Bewegung, die man unter dem Namen Gnosis zusammenfasst[8]. Die Gnosis ging von zwei Göttern aus: dem guten, allumfassenden Gott und dem von ihm abtrünnigen »Demiurgen«, der die Welt erschaffen hat. Der Mensch steht im Bann der Materie, trägt aber den göttlichen Funken noch in sich. Seine Aufgabe ist es, dem göttlichen Prinzip in ihm zum Durchbruch zu verhelfen und so in die ursprüngliche Einheit zurückzukehren. Jesus ist für die Gnosis die Inkarnation einer überzeitlichen »Christus-Kraft«. Er hat durch seinen Tod am Kreuz einen Impuls ausgelöst, der es dem Menschen ermöglicht, der Verhaftung an das Materielle zu entgehen.

Die Auffassungen der Gnosis wurden von der offiziellen Kirche verworfen. Weil gnostische Kreise verfolgt wurden, formierten sie sich meist in Geheimbünden. Die Bedeutung der Gnosis wird oft unterschätzt. Sie brachte viele Bewegungen hervor, die für den geistlichen Charakter des Christentums einstanden, wenn die Kirche sich allzu irdisch ausrichtete.

Die Gnosis wirkte über die Jahrhunderte weiter. Wichtige Vertreter waren und sind die Manichäer, die Katharer, die Theosophie, die Anthroposophie, die Freimaurer, die Rosenkreuzer, jeweils in einer eigenen Ausprägung. Gestärkt wurde die Bewegung durch die Entdeckung der Schriftrollen 1945 in Nag Hammadi, von denen später noch die Rede sein wird.

Irrwege ...

Ursprünglich war das Christentum eine charismatische Bewegung, eine »heisse Religion« (R. Safranski[9]), die von Ergriffenheit und starkem persönlichen Engagement geprägt war. Man erwartete die Wiederkunft Christi in naher Zeit und setzte alles auf diese Karte. Beide Strömungen setzten sich in der Kirchengeschichte fort: die elitäre Kirche der Begeisterten, die auf die Wiederkehr des Christus hin lebten, und die Kirche, die alle umfassen wollte und so notgedrungen zur »Jedermannskirche« wurde.

Die zunehmende Verbreitung verlangte nach Organisation. Aus Bewegung wurde Struktur, aus Begeisterung Kirchenordnung, aus Liebe Moral. Unter dem Einfluss der griechischen Philosophie verwandelte sich der jüdische Gott, der aktiv in die Geschichte eingriff, in den ewig ruhenden Geist. Und als sich das Zentrum des

Christentums nach Rom verlagerte, drang immer mehr juristische Begrifflichkeit in das kirchliche Leben ein.

Spaltungen

Die weitere Entwicklung entsprach oft nicht dem Geist des Christentums. Theologische Differenzen, aber auch machtpolitische Interessen führten zu konfessionellen Spaltungen, verbunden mit Unterdrückung und Verfolgung. Die orthodoxen Kirchen spalteten sich 1054 von der Papstkirche ab; die Spaltung besteht bis heute. 1517 schlug Luther seine Thesen an das Tor der Kirche von Wittenberg. Dies gilt als Beginn der Reformation. Daneben gab es unzählige weitere theologische Streitigkeiten und Verurteilungen.

Streben nach Macht

Schon im 2. Jahrhundert verband Irenäus von Lyon[10] die Frage der wahren Lehre mit der Frage der Macht: Zuständig für die christliche Wahrheit sind nach ihm die Bischöfe; sie sind die Nachfolger der Apostel. Und weil Petrus und Paulus in Rom gestorben sind, ist auch der Bischof von Rom ihr Nachfolger und hat deshalb den Vorrang vor den andern Bischöfen. Als das Christentum Staatsreligion wurde, wuchs der Einfluss des Papstes allmählich auch in politischen Dingen. Als Papst im geistlichen und politischen Sinn kann aber erst Gregor I. (540-604) bezeichnet werden. Päpste wurden oft von weltlichen Herrschern eingesetzt; später verlief es auch umgekehrt. Zeitweise gab es Gegenpäpste; über die Jahrhunderte verteilt waren es insgesamt vierzig[11]. Es war schliesslich Innozenz III., der im frühen 13. Jahrhundert die Macht des Papsttums zu seinem Höhepunkt führte.

Krieg, Inquisition, Hexenwahn

Die Verbindung mit der weltlichen Macht brachte viel Unheil mit sich: Man legitimierte Kriege, betrieb die Inquisition[12], liess jene foltern, die sich der Lehre nicht beugten, duldete oder förderte den Hexenwahn[13]. Im 13. Jahrhundert wurde von Papst Innozenz III. die Inquisition offiziell eingeführt und geregelt. 1252 erlaubte Papst Innozenz IV. die Folter. Es begann eine grausame Verfolgung Abweichender oder solcher, die als solche bezeichnet wurden, mit Abertausenden von Opfern. Allein den Hexenverbrennungen sollen nach neueren Forschungen 40'000 bis 60'000 Menschen zum Opfer gefallen sein[14]. Nicht immer waren die kirchlichen Autoritäten die treibende Kraft. In vielen Fällen versuchten die Päpste auch die Gewalt einzuschränken. Bei Hexenverbrennungen war es oft auch die abergläubische Menge, welche die Behörden zum Handeln anstachelte.

Kreuzzüge

Die Kreuzzüge[15] entstanden ursprünglich aus einem grossen Reformeifer, der sich im 11. Jahrhundert im ganzen christlichen Bereich ausbreitete. Man sprach anfangs nicht von Kreuzzügen, sondern von bewaffneten Pilgerfahrten. »Gott will es« war die Devise. Aus Idealismus wollte man das Land, in dem Jesus gewirkt hatte, von den Ungläubigen befreien. Allerdings mischten sich immer mehr auch andere Motivationen ein: Kriegsgewohnte Ritter suchten Abenteuer und Beute, arme Bauern flohen aus materieller Not, Kriminelle suchten der Strafe zu entgehen. Als der Papst zum ersten Kreuzzug aufrief, löste er ein gewaltiges Echo aus. Mehrere Heere aus verschiedenen Ländern zogen Richtung Heiliges Land. Trotz vieler Verluste gelang es den

Kreuzrittern, Jerusalem einzunehmen und dort ein Königreich zu gründen. Spätere Kreuzzüge hatten kaum mehr Erfolg; die Motivation und die Disziplin waren oft mangelhaft, die Verluste gewaltig.

Ablasshandel
Ein spezieller Fall theologischer Verirrung war der Ablasshandel. Er war im Zusammenhang mit den Kreuzzügen entstanden. Wer ins Heilige Land zog, bekam einen »vollkommenen Ablass«. Dadurch sollten Strafen für begangene Sünden getilgt werden[16]. Als später viele nicht mehr zum Kreuzzug aufbrechen wollten, wurde der Ablass auch für finanzielle Unterstützung gewährt. Um 1500 begann man, Ablässe wie Wertpapiere zu handeln. So wurde zum Beispiel der Bau des Petersdoms in Rom teilweise mit Ablassgeld bezahlt. Luther nahm den Ablasshandel zum Ausgangspunkt seiner Kirchenkritik. 1567 wurde der Ablasshandel auch in der katholischen Kirche verboten; am Ablass selber hält sie bis heute fest.[17]

... und Grösse

Menschen in der Nachfolge
Die Missstände im Christentum sind nur eine Seite des Ganzen. Es gab auch in allen Jahrhunderten eine unüberschaubare Zahl von hervorragenden Menschen, die in der Gefolgschaft Jesu ein authentisches und sozial aktives Leben führten. Mönche und Theologen bildeten lange die Grundlage der europäischen Kultur. Sie schrieben die Werke der Antike ab, sie gründeten Schulen, förderten Kunst und Musik. Kirchliche Institutionen gewährleisteten praktisch das ganze Sozialwesen; Spitäler und Heime wurden geführt, Leprakranke unter

Lebensgefahr gepflegt. Einsiedlertum, Mönchtum und Bettelorden ermöglichten vielen Menschen ein wertorientiertes, sinnerfülltes Leben. Vor allem aber sind all die unzähligen Menschen nicht zu vergessen, die in der Nachfolge Jesu standen und von denen niemand mehr Kenntnis hat.

Als Beispiele von authentisch christlichem Leben möchte ich zwei Initiativen vorstellen: den Bettelorden des Franz von Assisi und die Beginenbewegung. Beide entstanden nicht auf Initiative der Kirchenleitung, sondern spontan aus persönlichen Impulsen.

Franziskus von Assisi[18] (1181-1226)

Franziskus lebte zu einer Zeit, da die päpstliche Macht einen Höhepunkt erreicht hatte. Nach einem recht lockeren Leben in jungen Jahren liess er sich von den Evangelien zu einer radikalen Armut inspirieren. Er distanzierte sich vom Ideal des Rittertums, verzichtete auf den väterlichen Besitz und begann ein anspruchsloses Leben als Einsiedler. Ohne es zu wollen, einfach kraft seiner Ausstrahlung, entfachte er eine grosse Bewegung. Erstaunlicherweise bestätigte der mächtige Papst Innozenz III. die Regel der Gemeinschaft.

Franziskus lebte mit seinen Gefährten eine radikale Form der Jesusnachfolge. Er verband Anspruchslosigkeit und Busshaltung mit begeisterter Lebensfreude. In mystischer Naturverbundenheit besang er Sonne, Mond, Feuer und Wasser, aber schliesslich auch den eigenen Tod als seine Brüder und Schwestern. Er pflegte Aussätzige und Kranke, predigte auf öffentlichen Plätzen, sang und tanzte in Einfalt als »Narr Gottes«. Seine Ausstrahlung war enorm, sein Orden erlebte grossen Zulauf. Bis heute fasziniert seine Gestalt und lebt weiter in Literatur und Film[19].

Allerdings konnte die franziskanische Gemeinschaft die ursprüngliche radikale Lebensform nicht lang halten. Schon kurz nach seinem Tod wurden für die »Brüder« Häuser gebaut (was Franziskus noch streng abgelehnt hatte) und eine gemässigte Regel bändigte das franziskanische Ideal. Doch bleibt Franziskus bis heute eine überzeugende Verkörperung der christlichen Botschaft.

Die Beginenbewegung

Um 1200 entstanden in Europa viele religiöse Laienbewegungen, darunter auch die der »Beginen«. Es handelt sich dabei nicht um eine einheitliche Bewegung; eine Gründerpersönlichkeit ist nicht auszumachen. Meist waren es alleinstehende, oft verwitwete Frauen, die sich in die Nachfolge des armen Christus stellten. Viele lebten allein, die meisten schlossen sich zu kleineren oder grösseren Gemeinschaften zusammen. Sie verbanden Gebet und Kontemplation mit Einsatz in der Pflege von Kranken und Aussätzigen, in Bildungtätigkeit an Armen, in Sterbebegleitung und andern Formen sozialer Wirksamkeit. Den Lebensunterhalt verdienten sie oft durch Arbeit, vor allem in der Herstellung von Textilien. Häufig wurden sie auch von Stiftungen getragen.

Die Bewegung dauerte gegen alle Widerstände über Jahrhunderte an. Im 13. Jahrhundert verbreitete sie sich in fast ganz Europa; es gab Hunderte von Gemeinschaften. Innozenz III. versuchte, sie in kirchliche Strukturen einzubinden, der Wille zur Selbständigkeit war aber gross. Man spricht von der ersten Frauenemanzipation der europäischen Geschichte (H. Unger). Zu den Beginen zählen grosse Mystikerinnen wie Marguerite Porète und Mechthild von Magdeburg; beide waren tief in der

Mystik verwurzelt, aber auch unerschrockene Verteidigerinnen ihrer Überzeugung.

Beginen wurden anfänglich von den Päpsten gefördert. Da sie sich nicht einer klösterlichen Regel unterwerfen wollten, weckten sie aber oft das Misstrauen der Kirchenleitung. Vor allem frei herumziehende, bettelnde und predigende Frauen wurden verdächtigt. Vom 14. Jahrhundert an wurden sie im grösseren Ausmass verfolgt, gegen ihren Willen in feste Strukturen gezwungen, oft auch exkommuniziert, gefoltert oder verbrannt.

Die Bewegung dauerte in verschiedener Stärke bis in unsere Zeit an. Einzelne Beginengemeinschaften gibt es heute noch[20].

Kirchenleitung und spontanes Christentum

Der Blick auf diese »Laienbewegungen« macht deutlich, dass »Christentum« und »Kirche« nicht nur, wie dies oft geschieht, aus der Sicht der Amtsträger gesehen werden dürfen. Im Gegenteil: Es ist eindrücklich, wie fast alle Impulse der Erneuerung und sozialen Handelns von einzelnen Engagierten oder von kleinen Gruppen ausgingen. Die Kirchenleitung legte ihnen oft Steine in den Weg oder verfolgte sie bis zur Hinrichtung. Das hat sich auch in neuerer Zeit noch gezeigt; man denke nur an die Widerstandsbewegung im Dritten Reich, die von der Kirchenleitung eher behindert als unterstützt wurde, oder an die Befreiungstheologie in Südamerika, die der Vatikan durch Einsetzung konservativer Bischöfe systematisch schwächte.

Die Neuzeit - die Vernunft hinterfragt den Glauben

In den Jahren um 1500 kam es in Europa zu einem grossen Aufbruch in verschiedensten Bereichen. Philosophie und Kunst besannen sich auf die Werte der Antike und schöpften daraus Ideal und Inspiration. In der Malerei entwickelte sich die perspektivische Darstellung. Die Musik entfaltete die Polyphonie. Die Astronomie stiess mit dem Fernrohr in neue Räume vor und brachte das ptolemäische Weltbild zum Wanken. Kolumbus entdeckte Amerika. Luther eröffnete mit seinen Thesen am Tor der Wittenbacher Kirche die Reformation.

Es begann das Zeitalter des rationalen Denkens, der Wissenschaft, der Technik. Im Namen der Vernunft wurden die Lehren der Kirchen angefochten. Diese gerieten in Bedrängnis und reagierten mit Verhärtung. Seit der Französischen Revolution schritt die Säkularisierung unaufhaltsam voran. Der Staat machte sich unabhängig von kirchlicher Kontrolle. Religiöse Symbole wurden abgeschafft.

Ein Angebot unter vielen

Heute leben wir weitgehend in einer säkularisierten Welt. Es gibt in der westlichen Gesellschaft keine gemeinsame Wahrheits- und Wertebasis mehr. Wer nicht bereit ist, sich mehr oder weniger willkürlich der Lehre und Praxis einer bestimmten Gruppe anzuschliessen, muss sich in der Vielfalt von Weltanschauungen zurechtfinden und seine eigene Wahl treffen. Neben der traditionell christlichen Religion stehen Buddhismus, Hinduismus, Islam, Taoismus und eine Unzahl kleinerer Gruppierungen zur Wahl. Das öffnet den Horizont, kann aber auch die eigene Entscheidungsfähigkeit überfordern.

Wenn ich mich unter spirituell Interessierten umhöre, selbst bei kirchlich gebundenen, so reden sie von Ganzheitlichkeit, Achtsamkeit, kosmischer Verbundenheit, von Leben im Hier und Jetzt, von Sein statt Haben, von Sein statt Handeln. Gott und die Bibel werden selten genannt. Sünde und Erlösung sind nicht Thema. Man wartet nicht auf die Wiederkunft Christi. Die Bibel ist nicht mehr Referenzbuch. Auch die Mystik ist nicht mehr jene des Christentums: Der theistische Gott und vor allem Jesus kommen darin kaum mehr vor.

Das Christentum hat viel an Glanz verloren. Einst energiegeladene Aussagen wurden zu müden Formeln. Der christliche Wortschatz klingt fade und weltfremd. Man spricht von der nachchristlichen Zeit. Wir müssen uns die Frage stellen: Ist das Christentum imstande, seine Botschaft heute noch weiterzutragen? Sind die Kirchen bereit, ihre Inhalte aus neuer Erfahrung neu zu formulieren? Sind sie gewillt und fähig, sich umzuhören unter den Menschen, um wahrzunehmen, wo spirituelles Leben spürbar ist? Sind sie so wandelbar, dass sie sich treu bleiben können, auch wenn sich die Inhalte ändern?

2 Die Quellen

Das »Alte Testament«

Was wir heute »Altes Testament« nennen, ist in seinen Grundzügen identisch mit der jüdischen Bibel. Zusammen mit den Schriften des Neuen Testaments bildet es die Grundlage des Christentums. Nur Weniges aus den biblischen »Geschichtsbüchern« darf als historische Erzählung gelten. Der wichtigste Teil der schriftlichen Sammlung entstand gegen Ende des 6. Jahrhunderts vor Christus[21]. Die verschleppte jüdische Bevölkerung kehrte zu dieser Zeit aus dem Exil zurück und baute ihren Tempel wieder auf. Es bestand das Bedürfnis nach Identität. Man sammelte Traditionen und arrangierte sie zu einer zusammenhängenden Erzählung. Ein zentraler Gedanke des Werks ist, dass es nur einen Gott gibt: Jahwe, den Gott Israels. Es war die Zeit, als der Ein-Gott-Glaube den Durchbruch schaffte[22].

Der so entstandene Text galt als heilig und unveränderbar. Man schrieb deshalb neue Texte als Kommentar dazu. Dieser wurde dann später dem Text beigefügt. Der so erweiterte Text galt dann wieder als heilig und unveränderbar. Neue Texte wurden wieder als Kommentar eingefügt. So wuchs der erzählende Teil des Alten Testaments bis zur heutigen Form.

Neben diesem erzählenden Teil gibt es die Prophetenbücher. Die Propheten standen oft dem Tempel mit seinen Riten und Vorschriften skeptisch gegenüber; sie betonten den sozialen Aspekt der Religion. In diese Tradition muss auch Jesus eingereiht werden.

Die Weisheitsbücher wurden meist später geschrieben, nahmen aber alte Texte und mündliche Traditionen auf.

Das Alte Testament enthält lange Passagen, die fast unerträglich sind in ihren akribischen Schilderungen des Tempelbaus und der Opferrituale, aber auch in der Inanspruchnahme Jahwes für grausame Kriege und Vernichtungsaktionen. Es enthält jedoch auch Perlen von grosser menschlicher Tiefe und Schönheit.

Die Entstehung des »Neuen Testaments«

Jesus war Jude. Er kannte die jüdische Bibel und richtete sein Leben nach ihr aus. Und auch die ersten christlichen Gruppierungen blieben im jüdischen Bereich. Es sah ganz so aus, als würde das Christentum eine Reformbewegung innerhalb des Judentums bleiben.

Um das Leben und Sterben Jesu zu begründen, wurden viele Stellen aus dem Alten Testament herbeigezogen. Die schwer erklärbare Tatsache, dass Jesus gekreuzigt wurde, konnte mit der Auffassung gemildert werden, dass er damit Voraussagen des Alten Testaments erfüllt habe.

Das Neue Testament wird seit Anfang des 20. Jahrhunderts vor allem von protestantischen Exegeten intensiv studiert (die katholische Kirche verweigerte sich noch lange diesen Forschungen). Durch Stilanalyse, Vergleich mit historischen Fakten und verschiedenen Texten jener Zeit konnten die einzelnen Schriften in ihrer Entstehung besser verstanden und zeitlich recht genau bestimmt werden. Nichtbiblische Schriften aus der Entstehungszeit, vor allem auch die Mitte des 20. Jahrhunderts gefundenen Schriftrollen in Qumran[23], ermöglichten, sie in den kulturellen Kontext einzuordnen. Die exakte Textanalyse zeigte gegenseitige Abhängigkeiten und Parallelen auf. So ist die Wissenschaft heute in der Lage, über die Entstehung des Neuen Testaments recht genaue Angaben zu machen.

Die Paulusbriefe

Die Briefe des Paulus sind die ältesten Dokumente, die wir vom jungen Christentum haben. Der erste Brief an die Tessalonicher entstand bereits um das Jahr 50. Paulus hatte Jesus in einer starken Vision erfahren und richtete sein ganzes restliches Leben auf ihn aus. Er war wenig an seinem Leben und seiner Lehre interessiert. Er zitiert Jesus-Worte selten. Zentral für ihn waren Jesu Tod und Auferstehung und seine göttliche Natur. Von Paulus sind authentische Briefe erhalten, die er in den Jahren nach 50 verfasst hat (Galater, 1. Korinther, Römerbrief). Andere in der Bibel enthaltenen »Paulusbriefe« sind nicht authentisch; sie wurden von Schülern des Paulus geschrieben, zum Teil erst im 2. Jahrhundert.

Die Spruchquelle Q

Von der »Spruchquelle Q« existiert kein eigener Text. Sie wurde aus dem Vergleich der ersten drei Evangelien erschlossen. Matthäus und Lukas haben Teile aus dem Markusevangelium wörtlich übernommen. Daneben gibt es Texte, die ihnen gemeinsam sind und in Markus fehlen. Daraus erschloss man eine gemeinsame Quelle, »Spruchquelle Q« genannt, die vor allem Jesusworte enthält. Aus der Analyse des Textes geht hervor, dass die Aussprüche aus der Zeit stammen, als das neue Christentum noch vorwiegend in Palästina und der unmittelbaren Nachbarschaft wirkte.

Das Markusevangelium

Die Autoren der Evangelien waren keine Augenzeugen der Ereignisse um Jesus. Es war damals auch in der profanen Literatur üblich, einer Schrift Gewicht zu geben, indem man berühmte Leute als Autor angab.
Das erste Evangelium wird Markus zugeschrieben. Es entstand kurz nach der Zerstörung des Tempels in Jerusalem um 70 nach Christus. Markus hat viele Elemente, die ihm vorlagen, zusammengestellt und daraus eine zusammenhängende Jesuserzählung geschrieben. Diese ist stark auf die Passionsgeschichte ausgerichtet. Man

nannte sie auch schon eine Passionsgeschichte mit längerer Einleitung.

Viele Jesusworte, die Markus aus der mündlichen Tradition kannte, hat er (oder die Tradition vor ihm) in Geschichten gekleidet. Das taten auch die andern »Evangelisten«; gelegentlich ist deshalb das gleiche Jesuswort in verschiedene Erzählungen eingebettet. Auch die Passionsgeschichte darf nicht einfach als historisch betrachtet werden. Sie ist eine Verarbeitung des schrecklichen Ereignisses durch die Gemeinde, in der Markus wirkte.

Nach der Zerstörung des Tempels durch die Römer zerstreute sich die christliche Gemeinschaft und nahm die von Paulus begründete Christustheologie der hellenistischen Gemeinschaften auf. Auch Markus integrierte sie in seine Erzählung.

Matthäus und Lukas

Matthäus folgte weitgehend der Erzählform des Markus. Geschrieben wurde das Matthäusevangelium um das Jahr 80. Matthäus kannte das Markusevangelium und übernahm viele Teile daraus. Er fügte aber auch Teile aus »Q« und andern Quellen ein. Bei ihm finden wir Legenden über die Geburt und die Auferstehung Jesu, die bei Markus fehlten. Offenbar schrieb er für Gläubige, die dem Judentum noch nahestanden. Davon zeugen die vielen Stellen, die sagen, Jesus habe »die Schrift erfüllt«. Matthäus ordnete die Aussprüche Jesu in fünf langen Ansprachen, wovon die Bergpredigt (5,1-7,29) besondere Anerkennung gefunden hat, auch über die Grenzen des Christentums hinaus.

Lukas, der um das Jahr 90 schrieb, baute ebenfalls auf Markus auf. Wie Matthäus benutzte auch er die Quelle »Q«. Er schöpfte ebenfalls aus zusätzlichen Traditionen, zum Beispiel die Erzählung von der Geburt Jesu, die bei uns an Weihnachten gelesen wird. Lukas betonte die Problematik des Reichtums. Er stellte Jesus in seiner Genügsamkeit und seinem Umgang mit Menschen aus der Unterschicht und mit verrufenen Leuten dar.

Johannesevangelium und Johannesbriefe

Ganz anders ausgerichtet ist das Johannesevangelium. Es wurde erst Anfang des 2. Jahrhunderts geschrieben und ist eigentlich eine mystisch geprägte Theologie. Johannes benützt einzelne Erzählungen über Jesus, um theologische Gedanken darzustellen. Der Autor war schon von den ersten gnostischen Strömungen seiner Zeit beeinflusst. Die langen Reden und Diskussionen, die Jesus zugeschrieben werden, sind keine historischen Berichte, sondern von Mystik geprägte theologische Ausführungen. Die Gottgleichheit Jesu, seine ewige Existenz und seine Rückkehr zu Gott werden dargestellt. Das Evangelium trägt auch einen ethischen Akzent und stellt dabei die Liebe ins Zentrum.

Dem gleichen Autor sind die sogenannten Johannesbriefe zuzuschreiben. Sie stammen alle aus dem 2. Jahrhundert und gleichen dem Johannesevangelium stilistisch und inhaltlich.

Weitere Schriften des neuen Testaments

Es kamen weitere Schriften dazu: die Apostelgeschichte, die auch vom Verfasser des Lukasevangeliums stammt und die Verbreitung des Christentums durch Paulus schildert. Dann Briefe, die von unbekannten Autoren und vielleicht auch Autorinnen für konkrete Gemeinden verfasst und verschiedenen Aposteln zugeschrieben wurden. Und schliesslich die Offenbarung des Johannes (auch »Apokalypse« genannt), welche die Dramatik der Verfolgung durch die römische Besatzungsmacht mit gewaltigen Bildern verarbeitet.

Um das Jahr 200 hatten sich mehr oder weniger die heutigen Schriften in den christlichen Gemeinden durchgesetzt. Vor allem die vier Evangelien waren bald einmal unbestritten. Die kirchlichen Autoritäten bestätigten dann weitgehend das, was bereits allgemein in Gebrauch war.

Ausserbiblische christliche Schriften aus dieser Zeit
Neben den biblischen Schriften gab es eine grosse Zahl anderer Schriften, die in den verschiedenen christlichen Gemeinden gelesen wurden. Man nennt sie die Apokryphen. Warum sie nicht in die Bibel aufgenommen wurden, ist teils Zufall, teils durch ihren abweichenden Charakter begründet. 1945 wurde bei Nag Hammadi in Ägypten[24] eine grosse Menge alter Schriftrollen gefunden, die meist aus gnostischen Quellen stammen. Sehr wertvoll ist das Thomasevangelium, das Aussprüche Jesu enthält und das in Inhalt und Sprache auf eine frühe Entstehung schliessen lässt. Das Evangelium nach Maria ist wichtig, weil es eine weibliche Sicht auf Jesus wirft.

Nichtchristliche Quellen
Nichtchristliche Quellen über Jesus gibt es sehr wenige. Die Schriften des Josephus[25], eines zeitgenössischen Schriftstellers aus jüdischen Kreisen, enthalten eine längere Passage über die Ursprünge des Christentums, die aber auch später eingefügt sein könnte. Bei Tacitus[26], einem römischen Geschichtsschreiber, ist zu finden, dass zur Zeit Neros Anhänger eines Chrestos in Rom verfolgt wurden; ihr Gründer sei unter Pontius Pilatus

gekreuzigt worden. Diese Passage ist in ihrer Echtheit kaum bestritten.

Verbreitung der Bibel

Die Bibel war lange Zeit den Gelehrten, Mönchen und Priestern vorbehalten. Abgesehen davon, dass es vor der Buchdruckerkunst jeweils am Ort nur wenige Exemplare gab, war es nicht erwünscht, dass die Menschen sich aus der Bibel eine eigene Auslegung zurechtlegten. Luther war es, der die Bibel nicht nur in die Landessprache übersetzte, sondern auch deren Verbreitung in der Bevölkerung förderte. Dass gerade zu dieser Zeit der Buchdruck erfunden wurde, kam der Verbreitung entgegen. Gemäss Wikipedia[27] waren im Jahr 2013 die Bibel oder Teile von ihr in 2817 Sprachen übersetzt, 513 davon als vollständige Bibelausgaben. Damit ist die Bibel das am weitesten verbreitete und auch das am häufigsten übersetzte Buch der Welt.

Die Bibel als religiöses Buch

Die Bibel gehört zu den kostbarsten Kulturgütern der Menschheit. Darüber hinaus ist sie aber für das Christentum ein religiöses Buch, ein Buch, das »Wort Gottes« ist, eine Art Grundverfassung, in der sich alle christlichen Konfessionen wiederfinden.

Die Bibel ist kein einheitliches Buch, sie ist eine Sammlung von Schriften, die von bestimmten Autoren für bestimmte Menschen in einem bestimmten kulturellen Umfeld geschrieben wurden. Die in ihr enthaltenen Erfahrungen und Gedanken tragen die Färbung der Schreibenden, mit all ihren Vorlieben und Einseitigkeiten. Und diese wiederum sind geprägt von der Kultur, in der sie gelebt und gewirkt haben.

Als religiöses Buch ist die Bibel nicht zuständig für naturwissenschaftliche Fragen. Die Streitigkeiten über Weltentstehung, Evolution und so weiter waren und sind überflüssig. Sie ist auch nicht ein Geschichtsbuch im Sinn heutiger Geschichtsschreibung. Und sie ist kein zeitübergreifender Verhaltenskodex. Wenn Paulus z.B. das Tragen des Kopftuchs in der Versammlung regelt (1. Korinther 11,2-12), so ist das für die konkrete Situation der damaligen Gemeinde gedacht.

Vieles in der Bibel ist inakzeptabel. Sie enthält Stellen grosser Grausamkeit, z.B. den Vers »Wohl dem, der deine Kinder packt und sie am Felsen zerschmettert« (Psalm 137,9). Oder die Befehle, das eroberte Volk vollständig auszurotten[28]. Es finden sich auch Widersprüche in der Bibel. Da die Schriften von verschiedenen Autoren und in verschiedenen Jahrhunderten geschrieben wurden, ist das auch nicht weiter erstaunlich.

Und doch boten die Schriften des Alten und Neuen Testaments unzähligen Menschen Nahrung für ihr geistiges Leben. Um über schwierige Passagen hinwegzukommen, bediente man sich der allegorischen Schriftdeutung: Man gab den Stellen einen Gehalt im übertragenen Sinn. Bevor die kritische Bibelforschung begann, kümmerte man sich wohl wenig um die historische Echtheit. Man las in der Bibel und liess sich inspirieren.

Die grossen Mythen – Weisheit in symbolischer Sprache

Neben allen schwierigen Passagen finden sich im Alten Testament Erzählungen von grosser Symbolkraft. Natürlich wurde die Welt nicht in sieben Tagen erschaffen. Es geht dem Mythos nicht um die Anzahl der Tage oder um die Reihenfolge der Weltentstehung; es geht um das Staunen über das Wunder der Welt. Die Erzählung vom Sündenfall ist keine Erzählung über eine unmoralische Handlung unserer Stammeltern; es geht um den »Baum der Erkenntnis«. Der Mythos verbindet das Wissen um Gut und Böse mit der existenziellen Problematik des Übels in der Welt. Der Turm zu Babel wurde wohl nie gebaut; er bleibt jedoch ein mächtiges Symbol für die Versuchung des Menschen, über seine Möglichkeiten hinauszuwachsen. Die Geschichte von Abraham, der seinen Sohn opfern will, erscheint uns grausam; sie wird verständlicher, wenn wir darin die aufdämmernde Einsicht erkennen, dass die damals noch üblichen Menschenopfer durch Tieropfer ersetzt werden sollten. Moses hat wohl kaum mit seinem Volk das Meer durchschritten; doch hat der Auszug aus Ägypten viele »Spirituals« inspiriert, die das ersehnte Ausziehen aus Sklaverei und Armut besingen.

Im Kontext zu lesen

Die einzelnen Passagen sind immer im Kontext des Ganzen zu lesen. Sie sind Bestandteil einer kulturellen Entwicklung und können nur im Zusammenhang richtig verstanden werden.

So hat sich zum Beispiel das Verhältnis zum Mitmenschen sehr verändert. Nur wer die Entwicklung sieht, versteht die einzelnen Aussagen richtig. Am Anfang stand die unbegrenzte Rache: »Einen Mann erschlage ich für eine Wunde und einen Knaben für eine Strieme« (Genesis 4,23 f.). Später folgte die kontrollierte Rache: »Ist weiterer Schaden entstanden, dann musst du geben: Leben für Leben, Auge für Auge, Zahn für Zahn…« (Exodus 21,23). Noch später wurde die Regulierung der Rache abgelöst durch das Liebesgebot, aber vorerst noch begrenzt auf das eigene Volk: »An den Kindern deines Volkes sollst du dich nicht rächen und ihnen nichts nachtragen. Du sollst deinen Nächsten lieben wie dich selbst« (Levitikus 19,18), um sich schliesslich in die Aufforderung zu unbegrenzter Liebe zu entwickeln, die auch den Feind einbezieht: »Ihr habt gehört, dass gesagt worden ist: Du sollst deinen Nächsten lieben und deinen Feind hassen. Ich aber sage euch: Liebt eure Feinde und betet für die, die euch verfolgen« (Matthäus 5,43 ff.). Nur im Zusammenhang der ganzen Entwicklung bekommt die einzelne Aussage ihr Gewicht.

3 Dogmen – ewige Wahrheiten?

Eine Religion von Lehrsätzen?

Das Christentum war von Anfang an geneigt, Lehrinhalte zum Zentrum des Glaubens zu machen. Schon früh gab es Bekenntnisse, Wahrheiten, Dogmen und damit verbunden Verurteilung und Ausgrenzung.

Das Ganze begann mit Paulus. Wie bereits erwähnt, interessierten ihn das Leben und die Lehren des Jesus von Nazareth nicht besonders. Für ihn standen die Gottheit Jesu, sein Kreuzestod und seine Auferstehung im Vordergrund. Wegen seiner Auffassungen und seines missionarischen Eifers bekämpften ihn viele Christen, die aus dem Judentum kamen. Um sich gegen sie abzugrenzen, formulierte er seine Glaubenslehre. Wir finden in seinen authentischen Briefen Kurzformeln, in denen er seinen Glauben zusammenfasste. So zum Beispiel im ersten Korintherbrief: »Denn vor allem habe ich euch überliefert, was auch ich empfangen habe: Christus ist für unsere Sünden gestorben, gemäss der Schrift, und ist begraben worden. Er ist am dritten Tag auferweckt worden, gemäss der Schrift« (1. Korinther 15,3 f.).

Paulus kämpfte heftig gegen abweichende Meinungen: »Ich ermahne euch, Brüder, auf die achtzugeben, die im Widerspruch zu der Lehre, die ihr gelernt habt, Spaltung und Verwirrung verursachen: Haltet euch von ihnen fern« (Römerbrief 16,17). Oder noch stärker im Brief an die Galater: »Wer euch ein anderes Evangelium verkündigt, als ihr [von mir] angenommen habt, sei verflucht« (Galater 1,9).

Im Jahr 325 fand ein erstes gesamtkirchliches Konzil statt. Hier entstanden die ersten Dogmen: Lehren, die verbindlich waren und deren Leugnung mit Ausschluss geahndet wurde. Die Dogmen bekamen eine äussere Form, die über Jahrhunderte beibehalten wurde: »Wer das und das behauptet, sei ausgestossen« (anathema sit[29]). Lehraussagen und damit verbunden Verurteilungen dominierten von da an in Konzilsversammlungen und behinderten oft die freie Entfaltung des religiösen Lebens.

Als Luther 1517 seine Thesen anschlug, wollte er keine neue Konfession gründen, sondern die Kirche reformieren. Statt seine Reformvorschläge aufzunehmen, antwortete Rom mit einem Gegenkonzil[30] und einer grossen Menge Dogmatisierungen.

Als die Aufklärung in den folgenden Jahrhunderten kritisches Denken verbreitete, als die christliche Lehre von Wissenschaft und Fortschrittsglauben angefochten wurde, nahm die katholische Kirche Igelstellung ein. Es muss als angstgetriebene Abwehr verstanden werden, dass 1870 die Unfehlbarkeit des Papstes[31] dogmatisiert wurde.

Lehrdisziplin ist in der katholischen Kirche auch heute noch üblich; selbstständig denkende Theologinnen und Theologen werden häufig mit Lehrverbot belegt[32]. Gerichtsurteile kommen ohne Akteneinsicht zustande. An Lehren, die sich als unmenschlich erweisen, wie die Ablehnung der Empfängnisverhütung, wird hart festgehalten. Es wird Ökumene angesagt, aber verhandelbar sind weder das Papsttum noch die starren Formeln der Dogmatik. An den neuen Papst Franziskus richten sich diesbezüglich grosse Erwartungen.

Die evangelischen Kirchen lassen mehr Vielfalt zu, aber auch sie haben ihre festen Glaubensbekenntnisse[33] und ihre fundamentalistischen Kreise. Die Ostkirchen sind weniger zentralistisch geleitet; der Anspruch auf Unfehlbarkeit beschränkt sich auf die Beschlüsse der ersten sieben Konzile.

Vom lebendigen Jesus zur dogmatischen Formel

Viele frühe und zentrale Dogmen betreffen die Person Jesus. Er wird »Sohn Gottes« genannt. Die Bezeichnung stammt schon aus den Anfängen des Christentums[34]. Im jüdischen Kontext macht ihn das aber nicht zu Gott; auch das Volk Israel oder einzelne Personen werden Sohn Gottes genannt. Wäre das Christentum weiterhin im Rahmen des jüdischen Glaubens geblieben, hätte sich die Sicht auf Jesus wohl ganz anders entwickelt: Er wäre ein Prophet geblieben, dem Gott innewohnte, wie in andern Propheten auch.

Paulus hatte bereits eine Theologie, die Jesus für gottgleich erklärt[35]. Die Formel »Vater, Sohn und Heiliger Geist« bahnte sich an: »Die Gnade Jesu Christi, des Herrn, die Liebe Gottes und die Gemeinschaft des Heiligen Geistes sei mit euch allen« (2. Korinther 13,13). Begriffe und Konzepte, die im jüdischen Kontext unvorstellbar wären, wurden einbezogen: Menschwerdung, Gottesgebärerin, Aufstieg zum Himmel, Sitzen zur Rechten Gottes. Zudem wurden durch den Kontakt mit der hellenistischen Philosophie die lebendigen Erzählungen der Evangelien in abstrakte Begrifflichkeit gefasst.

Wenn Jesus Gott ist, stellt sich die schwierige Frage, wie man eine Zweigötterlehre vermeiden kann. Das führte zu grossen theologischen Auseinandersetzungen, zu Dogmatisierungen und Ausgrenzungen. Allerhand Theorien kamen auf: Jesus hatte einen Scheinleib, oder er war ein Mensch wie wir, oder er war Gott, aber nicht vor Ewigkeit gezeugt, und anderes mehr.

Als das Christentum anerkannte Staatsreligion wurde, begannen die römischen Kaiser, sich in die Diskussionen einzumischen. Sie wollten dadurch Spaltungen im Reich vermeiden. Auf Druck von Kaiser Konstantin I. legte 325 das Konzil von Nizäa verbindlich fest, dass Jesus Gott ist. Hier erstand ein Glaubensbekenntnis, das in der katholischen Kirche immer noch gebraucht wird. Es heisst dort von Christus: »Gott von Gott, Licht von Licht, wahrer Gott von wahrem Gott, gezeugt, nicht geschaffen, eines Wesens mit dem Vater«.

Die Streitigkeiten gingen aber weiter. Weitere Konzile waren nötig, um die Lehre von der Gottgleichheit Christi durchzusetzen. Das Konzil von Ephesus verfügte 431, dass Maria wirklich der Titel »Gottesgebärerin« zusteht. Das Konzil von Chalcedon 451 lehrte, Christus habe zwei »Naturen«, eine göttliche und eine menschliche. Beide seien *»unwandelbar, ungetrennt, ungeteilt und unvermischt«*. Auch die Dreifaltigkeit wurde in diesem Zusammenhang dogmatisiert.

Da die Sprache und ihre Begriffe sich im Lauf der Jahrhunderte verändern, sind diese Texte inzwischen ziemlich unverständlich geworden. Es handelt sich um Formulierungen aus einem bestimmten kulturellen Kontext, die heute wenig Aussagekraft mehr haben.

Fundamentalismus

Wer bestehende Religionen und Konfessionen von aussen anschaut, kann zum Schluss kommen, es handle sich um fanatische und kriegsschürende Institutionen. Kaum ein Konflikt in der Welt ist nicht mit religiösen Differenzen verbunden. Dies gilt nicht nur für die islamische Welt. Auch die christlichen Institutionen haben Kriege angezettelt und grausame Methoden angewendet. Noch heute gilt in vielen Kirchen die konflikttreibende Überzeugung, die allein seligmachende Wahrheit zu besitzen.

Seit den Dekonstruktionen der postmodernen Philosophie sind fundamentalistische Positionen nur noch als Herrschaftsanspruch denkbar. Die Zeit der totalitären Denkgebäude ist vorbei, Wahrheit ist durch persönliche Wertfindung und durch gesellschaftlichen Konsens zu bestimmen. Jede Gruppierung, die behauptet, im Besitz der ausschliesslichen Wahrheit zu sein, disqualifiziert sich damit selber.

Es ist durchaus nachfühlbar, dass es erstrebenswert erscheint, in einer Welt festgelegter Gewissheiten zu leben. Da gibt es kein jahrelanges Suchen, keine mühsamen Entscheidungen. In der Geborgenheit einer geschlossenen Weltanschauung kann sich der Mensch schon in frühen Jahren entfalten und mit religiösen Erfahrungen anreichern. Zudem gibt es ja gerade nach den neuen philosophischen Strömungen keine erkennbare letzte Wahrheit; warum soll man sich da nicht einem System anschliessen, das für die Lebensgestaltung hilfreich ist?

Das Problem dabei ist, dass man den kritischen Geist an der Kirchentüre abgeben muss. Es ist unter diesen Umständen kaum mehr möglich, mit den Strömungen der Zeit in Fühlung zu sein. Zudem schleicht sich in der Gemeinschaft Gleichgesinnter leicht ein Geist feindseliger Abwehr ein. Die Gefahr, in Abgrenzungen, Verteidigungspositionen und Kämpfe zu geraten, ist gross.

Dogmen als Hemmschuh der Entwicklung

Mit der Unfehlbarkeitserklärung ihrer Dogmen hat sich die Katholische Kirche in eine Situation manövriert, aus der sie nur schwer wieder heraus kommt. Sie ist in ihren eigenen Formulierungen gefangen. Viele Dogmen sind heute kaum noch präsentierbar. So definiert z.B. das Konzil von Florenz, dass niemand, der nicht der katholischen Kirche angehört, gerettet werden kann, selbst wenn er noch so viel Gutes tut[36]. Man schiebt solche Formulierungen heute in den Hintergrund oder entschärft sie taktisch mit Neuformulierungen. Aufgrund dogmatisierter Texte wie der obige ist Ökumene an sich unmöglich; um sie dennoch zu ermöglichen, wurde die Lehre von der »alleinseligmachenden Kirche« sanft umformuliert, ohne sie offiziell zu berichtigen.

Es ist fraglich, ob eine Dogmatik dieser Art überhaupt sinnvoll ist. Die Erzählungen und Gleichnisse der Evangelien sind viel ansprechendere Glaubensformulierungen als die Dogmen. Dogmen setzen starre Grenzen; es geht vergessen, dass abweichende Meinungen ebenso wahr sein können wie die eigenen[37]. Die Einheit des christlichen Glaubensgutes kann nicht erzwungen werden. Eine Einheit unter dem absolutistischen Anspruch des Papstes ist nicht die Einheit des Geistes. Zudem spricht es heute den Menschen viel mehr an, wenn ein Weg zur Erkenntnis aufgezeigt statt ein Katalog von Erkenntnissen gelehrt wird. Vom Zen-Buddhismus wäre diesbezüglich viel zu lernen.

Natürlich heisst das nicht, dass die Inhalte der Dogmen alle wertlos sind. An ihrem Ursprung waren sie oft echte religiöse Aussagen. Die Dogmatik hat sie dann in starre Formeln eingefroren. Die christliche Tradition enthält grosse Schätze von Erfahrung und Weisheit. Sie weiter zu tragen, war wichtig; sie in Dogmen erstarren zu lassen, war machtpolitische Fehlentwicklung.

4 Der Weg der Mystik

Mystik[38] gibt es in allen Religionen. Die Erfahrung einer das Rationale transzendierenden göttlichen Wirklichkeit ist in allen Kulturen bezeugt. Bevor wir über die christliche Mystik sprechen, soll zuerst Mystik als

Grundgegebenheit menschlicher Existenz dargestellt werden.

»Mehr als alles«

Der Mensch findet mit Denken, Wirken und Sich-Vergnügen allein keine Erfüllung. »Es muss doch mehr als alles geben«, schreibt Dorothee Sölle[39]. Und Novalis formuliert: »Wir suchen überall das Unbedingte, und wir finden immer nur Dinge«[40]. Über das Vorfindliche hinaus hat der Mensch eine Sehnsucht nach dem Übergreifenden. Wenn wir diese Sehnsucht verlieren, verkümmern wir in der banalen Tatsächlichkeit der sogenannten Realität. Wir verlieren uns an unsere Beschäftigungen. Oder wir versinken in Depression oder Sucht.

Dieser Suche nach dem »Mehr als alles« entspricht die Mystik. Dass es diese Sehnsucht gibt, sagt natürlich noch nichts aus über die Wirklichkeit ihrer Erfüllung. Aber sie lässt uns über den Horizont des Banalen hinausschauen und aufmerken auf das, was uns erfüllend entgegen kommt.

Der Weg der Erfahrung

Mystik unterscheidet sich dadurch von kirchlichen Lehren, dass sie der persönlichen Erfahrung des Einzelnen entspringt. Sie gerät deshalb oft in Konflikt mit Autoritäten, welche die Deutungshoheit für religiöse Fragen für sich in Anspruch nehmen.

Mystik ist allerdings nicht so subjektiv, wie es bei oberflächlicher Betrachtung aussieht. Die mystische Erfahrung geschieht immer in einem vorgegebenen Kultur- und Sprachbereich. Sie könnte sich nicht formulieren, wenn sie nicht eingebettet wäre in kulturelle und sprachliche Vorgaben. Mystik ist das Erleben eines einzelnen Menschen im Rahmen einer Kultur und trägt immer auch deren Spuren.

Mystik ist nicht primär Emotion. Oft ist sie mit heftigen Emotionen verbunden, doch das ist nicht wesentlich. Es kann Zeichen eines Reifungsprozesses sein, aus der emotional geladenen Erfahrung herabzusteigen in die Nüchternheit einer nicht verhafteten, nicht bedürftigen, ganzheitlichen Liebe.

Mystik gibt es in allen Religionen. Im Judentum ist es vor allem die Kabbala, im Islam der Sufismus. Die östlichen Religionen lehren Wege zur »Erleuchtung«. In östlichen Religionen tritt Mystik eher im Kleid einer Einswerdung auf, in westlichen eher in der Form einer innigen Begegnung.

Mystik ereignet sich zwar in der Form einer Erfahrung, ist aber mehr als dies: Sie ist Hingabe an das erfahrene Grosse. Religiöse Gefühle können heute offenbar auch elektronisch erzeugt werden[41]. Grosse Erfahrung allein ist noch keine Mystik. Auch für Meister Eckhart (1260-1328) ist das innere Erleben nur die erste Stufe; erst die Verwirklichung im Alltag macht Mystik vollständig[42]. Dies unterscheidet Mystik von vielen esoterischen und kommerzialisierten Angeboten, die kurzfristige Erlebnisse vermitteln.

Eine Mystik für alle?

Oft wird Mystik als Spezialität besonders hervorragender Persönlichkeiten dargestellt. Bestimmt gibt es Menschen, die ausserordentliche Erfahrungen erleben. Aber im Grunde sind alle Menschen potentielle Mystiker oder Mystikerinnen[34]. In der Meditation oder in tiefen Erfahrungen, aber auch im Erleben des Alltags können alle das Transzendente erahnen, wenn sie achtsam leben. Mit dieser Zielsetzung haben sich in allen grossen Religionen Lehrtraditionen entwickelt.

Natürlich ist die mystische Erfahrung des Einzelnen in ihrer Aussage begrenzt, oft von der Persönlichkeit des Erlebenden gefärbt und braucht deshalb Ergänzung durch andere Menschen. In diesem Sinn ist die Bedeutung der Religionen nicht zu unterschätzen. Sie betten die persönliche Mystik in einen kulturellen Zusammenhang, sie ergänzen Einseitigkeiten durch Erfahrung anderer, sie geben einen Deutungsrahmen und tragen zur praktischen Umsetzung des Erlebten bei.

Mystik in der Bibel

Der Prophet Joel hatte angekündigt, Gott werde den Geist über alle ausgiessen: »Danach aber wird es geschehen, dass ich meinen Geist ausgiesse über alles Fleisch. Eure Söhne und Töchter werden Propheten sein, eure Alten werden Träume haben, und eure jungen Männer haben Visionen.« (Joel 3,1). Petrus nahm gemäss Apostelgeschichte diese Aussage in seiner Pfingstpredigt wieder auf (2,17ff.). Der Geist wird über alle kommen, nicht nur über die Schriftgelehrten und ein paar privilegierte Propheten.

Dass Gott direkt zu Menschen spricht, ist im Alten Testament mehrfach beschrieben. Propheten vernehmen einen Ruf und tragen ihn in die Gemeinschaft. Sie erneuern so oft eine verkrustete Kult- und Gesetzesfrömmigkeit. In den ersten christlichen Gemeinden waren die Ostervisionen, das Damaskus-Erlebnis des Paulus und prophetische Ekstasen (vor allem in der christlichen Gemeinde von Korinth) direkte Erfahrungen einzelner Menschen. Auch wenn das Wort Mystik noch nicht gebraucht wurde, Mystik war immer da.

Sternstunden der christlichen Mystik

Ein unbekannter Schriftsteller mit dem Namen Dionysius Areopagita[44] prägte um das Jahr 500 den Begriff »mystische Theologie«. Er beschrieb Mystik als Vereinigung mit »dem Einen, der jenseits aller Dinge ist«. Er sprach von einem dreistufigen Weg, der später immer wieder genannt wurde: Reinigung, Erleuchtung, Vereinigung. Dionysius hatte grossen Einfluss auf die Theologie, weil man glaubte, es handle sich um den Dionysius, der mit Paulus auf dem Areopag in Athen war (Apostelgeschichte 17,34). Damit kamen auch kirchliche Autoritäten, die lieber die Wahrheit selber verwaltet hätten, nicht darum herum, Mystik anzuerkennen.

Eine Hochblüte erlebte die Mystik im 12. und 13. Jahrhundert. In dieser Zeit stand nicht mehr Christus der Weltenherrscher im Mittelpunkt der Frömmigkeit, sondern der Christus, der in Armut lebte und am Kreuz starb. Bernhard von Clairvaux (1090-1153) war zwar ein eifriger Prediger des zweiten Kreuzzugs, war aber gleichzeitig erfüllt von starker Liebesmystik. Mit Hildegard von Bingen (1098–1179) trat erstmals eine Frau als mystische Schriftstellerin in den Vordergrund. Vom 13. Jahrhundert an sind viele Mystikerinnen bekannt[45]. Während Frauen in der Amtskirche diskriminiert waren, konnten sie sich in der mystischen Erkenntnis und Hingabe entfalten.

Die Bettelorden, vor allem die Franziskaner und Dominikaner, und die Bewegung der Beginen führten die Mystik über die klösterliche Lebensform hinaus. Ein berühmter Dominikaner, Meister Eckhart (1260-1328), schrieb wenig über seine Erfahrungen, aber er verarbeitete sie im Rahmen der damaligen Theologie und Philosophie, oft in kühnen Gedankengängen, die nicht immer der offiziellen Lehre entsprachen.

Einen weiteren Höhepunkt fand die Mystik im 16. Jahrhundert, wobei vor allem Spanien hervorragte: Theresa von Avila (1515–1582) pflegte einen sehr persönlichen Umgang mit Jesus, oft in geradezu erotischer Leidenschaft. Johannes vom Kreuz (1542–1591), gleichzeitig ein grosser Dichter der spanischen Literatur, identifizierte sich mit dem Leiden Christi; er schilderte den spirituellen Weg durch die Nacht der Sinne und des Geistes.

Martin Luther (1483–1546) war selber Mystiker, er glaubte sich aber bald gegen die Auswüchse der »Schwärmer« wehren zu müssen. In den evangelischen Kirchen gab es in der Folge viele mystischen Bewegungen, worunter der Pietismus[46] die bekannteste ist.

In der Ostkirche wird die Mystik hoch gehalten. Der sogenannte Hesychasmus[47] ist dort verbreitet; man pflegt das »Herzensgebet«, eine Gebetsform, in welcher Worte beim Ein- und Ausatmen lange wiederholt werden. In Russland standen die »Starzen«, Mönche, die ganz der Mystik lebten, in hohem Ansehen.

Auch in neuerer Zeit sind bedeutende Mystikerinnen und Mystiker bekannt geworden: Dorothy Day, Madeleine Delbrêl, Hugo Enomiya-Lassalle, Dag Hammarskjöld, Thomas Merton, Edith Stein, Simone Weil und andere mehr. Drei von ihnen werden im zweiten Kapitel noch zur Sprache kommen.

Für ein mystisches Christentum

Es wird für die Kirchen von Bedeutung sein, die mystische Dimension in ihren Kreisen zu fördern. Menschen unserer Tage werden sich eher von Erfahrung leiten lassen als von Dogmen. Karl Rahner schrieb schon 1966: »Der Fromme von morgen wird ein Mystiker sein, einer, der etwas erfahren hat, oder er wird nicht mehr sein«.[48] Eugen Drewermann geht noch weiter: Die Schöpfungstheologie, die biblische Offenbarung, die Theologie und die Kirche sollen durch die Mystik aufgehoben werden. Es gehe im Leben nicht um solche »Projektionen des Menschlichen«, sondern um »die Erfahrung eines unbegründeten, unbegründbaren Seins, das wir selbst sind und das doch zugleich in allem liegt und uns deshalb mit allem verbindet«.[49]

Die Aussage Drewermanns liegt durchaus auf der Linie einer zukunftsorientierten Kirche. Doch wäre es schon ein erfreulicher Fortschritt, wenn es gelänge, Mystik und Dogmatik in einem dynamischen Gleichgewicht zu halten.

Was können wir festhalten?

- Das Christentum ist ein komplexes Gebilde, das im Lauf seiner Entwicklung verschiedenste positive und negative Formen hervorgebracht hat. Jede pauschalisierende Darstellung kann ihm nicht gerecht werden.

- Die Bibel, auf die sich das Christentum stützt, ist eine Sammlung von verschiedenen Schriften aus verschiedenen Zeiträumen. Sie bildet für die Christen eine gemeinsame Grundlage, darf aber nicht als

Sammlung historischer Aussagen und zeitunabhängiger Normen missverstanden werden.

- Es ist verständlich, dass die Kirche ihre Auffassungen formuliert hat, um sich gegen Wildwuchs der Meinungen abzugrenzen. Dass dies in der Form von Dogmen geschah, denen man absolute und zeitunabhängige Geltung zuschrieb, muss als Fehlentwicklung beurteilt werden.

- Mystik war im Christentum immer gegenwärtig, wenn auch oft von der kirchlichen Autorität beargwöhnt. Sie kann als das lebendige Element in der Kirche angesehen werden, das immer wieder dogmatische Erstarrung aufbricht.

2. Kapitel:

Jesus – Mensch und Mythos

1 Jesus, der Prophet aus Nazareth

Wer war Jesus?

Wenn in der Theologie über Jesus gesprochen wird, meint man den Propheten aus Nazareth, so wie er damals in Galiläa gelebt und gewirkt hat. Der Name »Christus« hingegen wird gebraucht, wenn es sich um den auferstandenen und erhöhten Gottessohn handelt. In diesem Abschnitt geht es um Jesus den Propheten.

Wie wir im Kapitel über die »Quellen« gesehen haben, gibt es wenig gesichertes Wissen über Jesus. Zeugnisse ausserhalb der Bibel sind spärlich und in den Evangelien erfahren wir nicht, wie Jesus war, sondern wie ihn die christlichen Gemeinden in den Jahrzehnten nach ihm gesehen haben. Doch inzwischen wurde viel geforscht und es ist durchaus möglich, aus den biblischen Texten ein wahrscheinliches Bild des historischen Jesus zu zeichnen.

Jesus lebte in einer unruhigen Zeit. Palästina war von den Römern besetzt. Immer wieder gab es kleine Aufstände. Man erwartete den Messias, den Nachkommen des grossen Königs David, der Israel von den Römern befreien sollte.

In diesem Rahmen predigte Jesus. Sein Wirkungskreis war bescheiden: Abgesehen von einer Reise nach Jerusalem beschränkte er sich auf ein paar Dörfer am See Genezareth. Auch er erwartete, dass bald eine Art Gottesreich anbrechen würde. Doch sein Interesse richtete sich weniger auf politische Befreiung als auf eine neue, gewaltfreie Lebensführung in einem kommenden Gottesreich. Jetzt, da Gott bald eingreifen würde, sollte sich der Mensch mit vollem Einsatz darauf einstellen.

Er konnte nicht lange wirken. Bei einem Jerusalembesuch zum Passahfest gab es einen Konflikt rund um das Tempelgeschehen, was zu einem Aufruhr führte. Wie üblich bei den Römern, machten sie kurzen Prozess und kreuzigten ihn. Bis auf wenige Frauen haben ihn wohl alle verlassen – es war ja auch lebensgefährlich, bei ihm zu bleiben. Er starb am Kreuz. Gott hatte ihn nicht gerettet.

Seine Leute müssen erschüttert gewesen sein. Aller Voraussicht gemäss hätte das das Ende der Jesusbewegung bedeutet. Es ging jedoch weiter. Frauen berichteten, sie hätten Jesus gesehen. Es setzte sich die Überzeugung fest, er sei auferstanden.

Der historische Jesus oder der Jesus der Bibel?

Das Christentum baut nicht auf dem historischen Jesus auf, sondern auf dem Jesus, wie er mehrere Jahrzehnte später in den Schriften des Neuen Testaments beschrieben wurde. Es ist dieser Jesus, der über Jahrhunderte Menschen fasziniert hat, dem viele »nachgefolgt« sind, der unsere Kultur geprägt hat. Glauben auf den historischen Jesus aufzubauen, ist nicht möglich; er ist ein wissenschaftliches Konstrukt, das in seinen gesicherten Aussagen begrenzt und immer wieder umstritten ist. Für die Forschung ist die Frage, was Jesus historisch nachweisbar getan und gelehrt hat, von Bedeutung; für den Menschen, der Jesus als Grundlage des christlichen Glaubens sucht, ist sie es nicht. Dem Jesus des Christentums kann begegnen, wer den biblischen Jesus auf sich wirken lässt.[50]

Auch wenn wir grundsätzlich vom Jesus der Bibel ausgehen müssen, kann doch die Forschung eine Hilfe sein, um die Texte in ihrem historischen Zusammenhang zu verstehen. Mit ihrer Hilfe vermeiden wir, einzelne Aussagen aus dem Zusammenhang zu reissen und damit falsch zu deuten. Moralische Missdeutungen, patriarchale Einflüsse, kulturbedingte Aussagen, Billigung von Gewalt und so weiter können mit Hilfe der Forschungsresultate korrigiert werden.

Die Grundanliegen des biblischen Jesus

Im Folgenden versuche ich in kurzer Form zusammenzufassen, was die Evangelien über Leben und Lehre des Jesus von Nazareth aussagen:

- Der Jesus der Bibel wendet sich ab vom fordernden und strafenden Gott. Er nennt Gott »Abba«, was etwa mit »lieber Vater« übersetzt werden kann. Die Tieropfer, durch welche Gott versöhnt werden sollte, verlieren ihre Bedeutung. »Barmherzigkeit will ich, nicht Opfer«, zitiert Jesus den Propheten Hosea (Matthäus 9,13). Dem liebenden Gott entspricht eine Ethik der Gewaltlosigkeit und Liebe.

- Gesetz und Moral werden an ihren Platz verwiesen. Anstelle der kultbezogenen Reinheitsvorschriften tritt eine Ethik der Gesinnung. Jesus heilt am Sabbat, entgegen den Vorschriften der massgebenden Kreise, er lässt die Jünger am Sabbat Ähren pflücken, isst und trinkt mit Leuten schlechten Rufes, zieht das Gastmahl dem Fasten vor[51]. Dies alles gipfelt im Satz: »Der Sabbat ist für den Menschen da und nicht der Mensch für den Sabbat« (Markus 2,27). Das bedeutet Ablehnung jeder Gesetzesgerechtigkeit, Relativierung der gesellschaftlichen Konventionen, Beschränkung der Verhaltensregulierung auf das Gebot der Liebe.

- Jesus steht Macht, Reichtum und Ansehen kritisch gegenüber. Er wird nicht, wie die meisten Götter der umgebenden Kulturen, in einem Palast geboren, sondern in einer Futterkrippe. In der Erzählung von der Versuchung in der Wüste verzichtet er auf Macht (Matthäus 4,1 ff.). Er bleibt auch später ein armer Wanderprediger. Er zeigt eine Grösse jenseits der üblichen Werte.

- Gottes Entgegenkommen ist für ihn wichtiger als die moralische Anstrengung des Menschen. Im Moment der Entscheidung, in der Leidensgeschichte, versagen alle: Judas verrät ihn, Petrus verleugnet ihn, die Jünger fliehen, er selber stirbt. In den Ostergeschichten ist davon nicht mehr die Rede; Versagen gehört dazu. Nicht das moralisch und ethisch Grossartige zählt.

- Jesus hebt die Trennung zwischen Volksangehörigen und Fremden, zwischen Angesehenen und Ausgegrenzten auf. Er speist bei den Verachteten, empfängt Prostituierte, wählt einfache Leute in seine Gruppe. Die Etablierten, die Frommen, die mit Reichtum Gesegneten, sie treten ins zweite Glied; sie müssen erst einmal beweisen, dass sie durchs Nadelöhr schlüpfen können (Lukas 18,24 f.).

- Jesus lädt zu einer radikalen Lebensführung ein. Der Mensch soll alles andere auf den zweiten Platz verweisen und sich ungeteilt dem »Reich Gottes und seiner Gerechtigkeit« (Matthäus 6,31-33) hingeben. Er spricht von Selbstverleugnung (Markus 8,34-36); gemeint ist die Abkehr vom Verhaftet-Sein an die eigenen Bedürfnisse, an die einengende Selbstbezogenheit.

- Leid und Tod werden ernst genommen. Klassische Gottheiten der damaligen Welt überwinden Leid und Tod in siegreicher Gebärde. Jesus nimmt das Leiden auf sich, nicht in masochistischer Geste, aber entschlossen, als Konsequenz seines Lebens. Erlösung geht nicht am Leid vorbei, sondern durch die Verzweiflung der Gottverlassenheit hindurch.

- Der Jesus der Evangelien trägt auch unangenehme Züge. Seine Ausfälligkeiten gegen die Pharisäer sind mindestens teilweise ungerecht. Die Annahme eines baldigen Weltgerichts hat sich nicht bestätigt. Der Jesus der Evangelien kann nicht absolut gesetzt werden.

»Nachfolge« als Lebenskonzept der Christen

Der Ausdruck »Nachfolge Christi« steht hier in Anführungszeichen, weil er heute abgenutzt erscheint. Er war aber über viele Jahrhunderte ein gültiger Leitfaden auf dem spirituellen Weg der Christinnen und Christen. Er bezeichnet eine Haltung, welche Leben und Lehre Jesu zum Modell der eigenen Lebensführung nimmt.

Es ging und geht diesen Menschen darum, in die Fussstapfen Jesu zu treten, das Leben so zu gestalten, wie er es gelebt und gelehrt hat. Das Thema der Nachfolge durchzieht die Jahrhunderte mit wechselnden Motiven; bald war es das Leiden Jesu, bald die Armut, bald Gewaltlosigkeit, die in den Menschen Resonanz fanden. Thomas von Kempen schrieb ein kleines Buch mit dem Titel »Nachfolge Christi«[52], das über Jahrhunderte ein Bestseller in der ganzen Christenheit war.

Der Weg, den Jesus gelehrt und gelebt hat, ist auch heute ein gültiges Lebenskonzept für viele. Auch Menschen, welche die Kirche heftig attackieren, bestreiten kaum, dass Jesus als Person eine grosse und nachahmungswerte Persönlichkeit war. Es ist eher untertrieben zu sagen, er sei noch aktuell. In seiner Aufforderung zu bedingungsloser Liebe und Gewaltlosigkeit ist seine Botschaft immer noch Zukunftsvision. Schwierigkeiten beginnen dort, wo Jesus als ausschliesslicher Weg und als göttliche Gestalt gesehen wird. Doch darüber im nächsten Kapitel.

2 Aus Jesus wird Christus

Mit dem Tod Jesu war die Bewegung eigentlich am Ende. Gott hatte nicht eingegriffen. Es ist fast nicht vorstellbar, wie aus diesem verstreuten, enttäuschten, entmutigten Grüppchen in einem abgelegenen Winkel des römischen Reichs eine weltweite Bewegung entstehen konnte.

Doch es ging weiter. Auslöser waren offenbar visionäre Ereignisse. Mehrere Leute sahen Jesus lebendig. Die Aufzählung der Ereignisse bei Paulus (1. Korinther 15,5-8) wirkt glaubwürdig. Er selber sah den Auferstandenen in einer Vision, die sein Leben bestimmen sollte.

Erste Deutungen des Geschehens

Wie schon beschrieben, griff man zur Erklärung des Geschehens zuerst nach Texten im Alten Testament. Vor allem das Matthäusevangelium kommt immer wieder darauf zurück, dass Jesus »die Schrift erfüllt« habe. Die Passagen vom »Knecht Gottes«, der für andere litt und starb (Jesaias 42,1-9), war wie auf Jesus zugeschnitten: Jesus hat, wie der Knecht Gottes, »für uns« gelitten. Es war auch naheliegend, Jesus den Titel »Messias« (der hebräische Name für Christus) zuzuschreiben; die Erwartung eines Messias lag in der Luft.

Im hellenistischen Bereich stellte sich die Frage noch schärfer: Wie konnte man nichtjüdischen Kreisen erklären, dass einer, der als Gesetzesbrecher und Aufwiegler hingerichtet wurde, Erlöser sein sollte? Als Erklärungsversuche drangen hier Mythen aus der Welt der umliegenden Religionen in die Jesuserzählungen ein. Aussagen wie: Inkarnation eines Gottes, Jungfrauengeburt, Gottessohnschaft, Auferstehung und Endgericht finden deutliche Parallelen in den Mythologien der umgebenden Kulturen, vor allem der ägyptischen[53].

Jesus hatte nicht sich selber in den Mittelpunkt gestellt; er verkündete das kommende Reich Gottes. Aber schon wenige Jahre nach seinem Tod wurde er selber als Messias und Gottessohn zum Zentrum der Verehrung.

Der Christus-Mythos

Die Traditionen aus dem Alten Testament, die Jesus-Erzählungen aus Palästina und die Mythen aus der hellenistischen Kultur flossen schliesslich zusammen zu einer grossen, zusammenhängenden Mythologie. Sie kann stark verkürzt so zusammengefasst werden:

Als Gott den Menschen schuf, wollte dieser ihm gleich sein und wurde deshalb aus dem Paradies verstossen. Nach geraumer Zeit erwählte Gott Abraham. Ihm verhiess er eine grosse Nachkommenschaft. Er führte die zwölf Stämme Israels durch viele Schicksale und Verirrungen dem verheissenen Messias entgegen. Jesus, der als Sohn Gottes von

Ewigkeit her bei Gott war, wurde schliesslich von der noch jungfräulichen Maria in der Stadt Davids als der kommende Messias geboren. Er lehrte und tat viele Wunder. Er wurde vom Jerusalemer Establishment verhaftet und von den Römern gekreuzigt. Durch diesen Kreuzestod erlöste er die Menschheit von ihrer Schuld. Er stand vom Tod auf, fuhr zum Himmel und sitzt zur Rechten des Vaters. Er wird zu unbekannter Zeit wiederkommen und Gericht halten.

Weitere Entwicklung des Mythos

Der Christus-Mythos war der Versuch der ersten Generationen, den Tod Jesu zu deuten. Diese Deutung setzte sich in der kirchlichen Lehre fest. Sie ging in die Glaubensbekenntnisse ein. Nur im Rahmen der dogmatischen Vorgaben durfte sich das Christusbild später weiter entwickeln.

In der Ostkirche wurde Christus zum »Pantokrator«, zum himmlischen Herrscher über die Welt. Wir kennen ihn von den würdevollen, ernsten Darstellungen der Ikonen. Zur Zeit des Feudalsystems, als die europäische Gesellschaft von oben nach unten hierarchisch durchgegliedert war, wurde Christus die oberste Spitze dieser Macht-Pyramide. Die Bettelorden im Mittelalter korrigierten diese Sicht, indem sie den armen und leidenden Jesus hervorhoben. Die Portale der gotischen Kathedralen zeigen Christus als den wiederkommenden Richter. Im Pietismus dominierte der sanfte Jesus; die Älteren unter uns erinnern sich noch an die Bilder, auf denen er mit seinen Leuten sanft durch die Ähren wandelt. Auch als Garant der bürgerlichen Moral musste Christus dienen. Revolutionäre Tendenzen in der Geschichte wiede-

rum stellten ihn als den Kritiker bürgerlicher Scheinhei-
ligkeit und Machtansprüche dar.

So zog sich die Christusgestalt nach Massgabe der
Dogmatik durch die Jahrhunderte, als der sich wandelnde, in konkreten Situationen neue Gestalt anneh-
mende »Christus«.

3. Zum heutigen Verständnis des Christus-Mythos

Wir können Mythen aus alter Zeit nicht mehr in gleicher Weise betrachten, wie sie zur Zeit ihrer Entstehung
verstanden wurden. Das Weltbild hat sich geändert, die
Sprache hat sich weiter entwickelt, der kulturelle Kontext ist ein anderer. Wenn die Mythen des Alten und
Neuen Testaments weiterhin Gültigkeit haben sollen,
sind ein paar wichtige Aspekte zu berücksichtigen.

1. Mythen deuten das Geheimnis des Daseins

Schon vor der Entstehung der Bibel hatten die Völker
ihre Mythen: Isis und Osiris in Ägypten, das Gilgamos-
Epos in der Kultur der Sumerer, die Göttersagen auf
dem Olymp der Griechen und viele andere mehr. Die
jüdischen Traditionen und das frühe Christentum haben Mythen der umgebenden Religionen ohne Beden-
ken in ihre Erzählungen übernommen.

Mythen sind auch im Denken und Handeln der heute lebenden Menschen wirksam. Der Mythos des Tel-
lerwäschers, der zum Millionär aufsteigt, prägt die
Mentalität nicht nur in den Vereinigten Staaten. Der
Mythos von der Selbstregulation des Marktes dominiert

trotz Erweis des Gegenteils in Wirtschaft und Politik. Die Geschichte eines Fussballhelden, einer Prinzessin bewegen die Menschen.

Mythen sind keine historischen Fakten; sie sind Erzählungen, die versuchen, die Welt und das Leben zu deuten. Was Träume den Einzelnen, sind Mythen der Gemeinschaft. Sie sprechen in Bildern aus, was Menschen in der Tiefe bewegt. Sie geben im kalten und unberechenbaren All Geborgenheit und Sinn. Wenn sie allerdings als rationale Aussagen verstanden werden, wirken sie irrational, widersprüchlich, quer. Der aufgeklärte Mensch wird nachzuweisen versuchen, dass es »nicht stimmen kann«.

2. Von aussen nach innen

Das menschliche Bewusstsein hat sich im Lauf der Jahrhunderte verändert[54]. Während in alten Zeiten die Inhalte der Psyche nach aussen projiziert wurden, nehmen wir sie heute als Prozesse in unserm Inneren wahr. In magischen Zeiten verehrte man das Göttliche in Statuen und Totempfählen. In mythischen Kulturen projizierte man es in der Form göttlicher Wesen in den Himmel. Im Mittelalter begannen die Mystikerinnen und Mystiker, die inneren Prozesse zu betonen: Christus ist zwar in Bethlehem geboren, doch das Entscheidende ist die Gottesgeburt in uns. Heute ist es uns möglich, die Projektionen ganz zurückzunehmen: Mythen sind Metaphern für innere Vorgänge.

Das muss bei allen religiösen Fragen beachtet werden. Traditionelle religiöse Vorstellungen sind als Bilder für innere Prozesse zu verstehen. Der Christus-Mythos kann weiterhin erzählt werden, jedoch im Wissen, dass er ein Mythos ist.

3. Abwendung vom »gewalttätigen Gott«

Gianni Vattimo (geb. 1936), ein italienischer Philosoph unserer Zeit, macht in seiner lesenswerten kleinen Schrift »Glauben – Philosophieren«[55] auf eine interessante Entwicklung in der Geschichte der westlichen Kultur aufmerksam. In Philosophie, Politik, Kunst, Wissenschaft und Religion zeichne sich eine gemeinsame Linie ab: Das Harte, Gewalttätige weiche langsam, aber stetig einer sanfteren, humaneren Haltung. Dies sei in vielen Bereichen spürbar: Die Philosophie habe gelernt, auf absolute Wahrheiten zu verzichten; in der Politik würden absolute Herrscher durch demokratische Gebilde abgelöst; die Kunst verlasse die Grenzen, die ihr in der Tradition zugewiesen wurden. Die Entwicklung gehe in die Richtung des »schwachen Denkens«[56]. So habe sich auch in der Religion der »gewalttätige Herrschergott« zum menschenfreundlichen Vater entwickelt, wie Jesus ihn predigte.

Das Bild, das Jesus vom sorgenden und verzeihenden Vatergott vermittelte, und die daraus erfolgende Lehre vom Verzicht auf Vergeltung, von Gewaltlosigkeit und Liebe ist ein grosser, weit voraus sehender Schritt im Sinn einer »schwachen«, dem Menschsein besser entsprechenden Einstellung. Dies zu sehen, ist vor allem auch bedeutsam, um gewisse Stellen aus dem Alten Testament in ihrer Härte relativieren zu können.

Einflüsse des Patriarchats

Die Bibel steht unter Verdacht des Patriarchats. Die feministische Theologie verlangt, dass alle biblischen Texte diesbezüglich überprüft werden. Damit steht auch die Figur des Christus zur Frage[57].

Die patriarchalische Perspektive verfälscht das Christusbild der Bibel durch einseitige Auswahl und durch männliche Deutung. Ein gutes Beispiel sind die Osterberichte: Während in allen vier Evangelien die Frauen die Hauptrolle spielen (sie haben ja auch beim Kreuz ausgeharrt), zählt Paulus in seiner Liste der Zeugen nur Männer auf (1. Korinther 15,3-8). In Bibel und Theologie werden Gott und Christus durchwegs mit männlichen Titeln versehen: Herr, Vater, König, Hirte. In der Christologie der nachfolgenden Jahrhunderte wurde die Männlichkeit Gottes nie in Frage gestellt.

Die feministische Theologie interessiert sich weniger für die Person Jesu oder den Christus-Mythos, sondern für »die Sache Jesu«, auf das, worum es ihm ging. Nicht das Mann-Sein Jesu steht deshalb im Zentrum, sondern die »weiblichen Werte«, die er vertritt: »Vernetzung und Interaktion für Gerechtigkeit, Liebe und Friede, nicht der Autorität, des Heroismus und der Proklamation«[58]. Es geht um eine »Praxis umfassenden Heil-Seins«[59]. Christus ermächtigt zu einem Leben in Liebe, er heilt aus Entfremdung und Verhärtung, er befreit von den Dämonen männlicher Macht und zerstörerischer Mechanismen.

Komplementarität

In früheren Epochen war eine Wahrheit eine Wahrheit und alles, was ihr widersprach, war falsch. Meines Wissens war es die Physik, die das als Erste in Frage gestellt hat. Die Quantenphysik hat aufgezeigt, dass das gleiche Phänomen von zwei sich widersprechenden Seiten gesehen werden kann. So zeigt sich das Licht je nach Versuchsanlage bald als Wellenphänomen, bald in Form kleinster Teilchen. Seither haben wir gelernt, gegensätzliche Standpunkte als komplementär anzusehen und in ihrer jeweiligen Perspektive zu akzeptieren.

Auf unser Thema bezogen heisst das, dass wir religiöse Aussagen nicht mehr als einander feindlich gegenüberstehend betrachten müssen. Verschiedene Lehren können verschiedene Ausdrucksformen der gleichen Erfahrung sein. Das ermöglicht mehr als nur Toleranz. Toleranz sagt, andere dürfen ihre (falsche) Meinung behalten; Komplementarität sagt, beide Aussagen schliessen sich nicht aus.

Alle diese Faktoren historischer Entwicklungen müssen berücksichtigt werden, wenn wir die christlichen Themen im Sinne unserer Zeit deuten wollen.

4. Die Frage der Erlösung

Erlösung ist ein zentraler Teil des Christus-Mythos. Dass Jesus uns durch seinen Tod am Kreuz erlöst hat, war von Anfang an Bestandteil christlicher Lehre. Es ist in den Evangelien vorgegeben und prägt bis heute das Bewusstsein der Gläubigen.

Der Mythos vom Sündenfall

Erlösung setzt Erlösungsbedürftigkeit voraus. Davon spricht in mythischer Form die Geschichte vom Sündenfall (Genesis 3,1-19). Wie schon erwähnt, gehen gängige Interpretationen des biblischen Berichts meist in die moralische Richtung: Das Individuum soll von seinen Sünden erlöst werden. Im tieferen Verständnis geht es aber nicht um individuelle Verfehlungen. Es geht um das Verständnis der menschlichen Existenz. Die Tradition spricht von »Ursünde«[60].

Mit »Ursünde« ist wohl gemeint, dass der Mensch nicht nur als Einzelwesen, sondern grundsätzlich, von seinem Wesen her, der Erlösung bedarf. Biblisch ausgedrückt: Er hat vom »Baum der Erkenntnis des Guten und Bösen« (Genesis 2,9) gegessen, d.h. er ist sich seiner selbst bewusst geworden, er kann nun zwischen Gut und Böse unterscheiden. Damit hat er »seine Unschuld verloren«. Er ist nicht mehr eine Ganzheit, er ist gespalten und erfährt so den Abgrund des Bösen in sich. Er leidet an der Spannung zwischen dem Menschen, der er sein könnte und jenem, der er ist. Er erlebt die Verführung zum Haben- und Gelten-Wollen, er stösst an die Unfähigkeit, eine gerechte Welt zu gestalten. Aus dieser Not müsste der Mensch erlöst werden.

Christus als Sühnopfer

Die am meisten verbreitete Vorstellung von Erlösung ist die einer Sühneleistung: Gott Vater soll den Menschen wegen ihrer Sünden gezürnt haben. Mit Tieropfern hätte man versucht, ihn zu besänftigen. Diese genügten aber nicht, denn die Schuld war zu gross. Die einzig mögliche Lösung war, dass der Sohn Gottes selber Mensch wurde, am Kreuz litt und starb.[61]

Die Vorstellung, Jesus wäre als Sühnopfer am Kreuz gestorben, setzt das Bild eines Gottes voraus, der zürnte und durch dieses Opfer versöhnt werden musste. Dieses Bild kontrastiert völlig mit dem Gottesbild, das Jesus verkündete. Gott ist für Jesus nicht zornig; er öffnet sich jedem Menschen, auch dem Übeltäter. Es herrscht im Himmel »mehr Freude über einen einzigen Sünder, der umkehrt, als über neunundneunzig Gerechte, die es nicht nötig haben umzukehren« (Lukas 15,7). Trotzdem hielt sich die Idee des Sühnopfers über viele Jahrhunderte. Sie wurde zur unveränderlichen Doktrin der Kirche. Sie veranlasst heute noch Menschen, sich vom Christentum zu distanzieren.

Kreuzigung

Jesus ging nicht nach Jerusalem in der Absicht, sich kreuzigen zu lassen und so die Welt zu erlösen. Dies ist bereits Interpretation der christlichen Gemeinden. Die wahrscheinlichste Variante, wie sich das Drama der Kreuzigung abgespielt hat, ist wohl die: Jesus zog nach Jerusalem zum Passahfest, wie dies damaliger Sitte entsprach. Beim Einzug in die Stadt vollzog er eine Symbolhandlung: Auf einem Esel, begleitet von seinen begeisterten Anhängern, zog er in Jerusalem ein, wohl in der Erwartung, nun seine Botschaft vom nahen Gottesreich einem grösseren Kreis vortragen zu können. Er äusserte sich kritisch zum Tempelkult, worauf es zu einem Tumult kam und die Römer einschritten. Jesus wurde verhaftet und gekreuzigt. Die Passionserzählungen enthalten Einzelheiten, die sich wirklich so abgespielt haben, andere aber sind legendäre Ausschmückungen, mit denen die Gemeinden das Ereignis deuteten.

Das Kreuz als menschliches Schicksal

Wir können Erlösung besser verstehen, wenn wir Jesus als Repräsentanten aller Menschen betrachten, die Leid ausgesetzt sind und es wehrlos ertragen müssen: Arbeitssklavinnen in Bangladesch, die für Schundlöhne unter prekären Bedingungen unsere Hemden nähen; Mütter, die zuschauen müssen, wie ihr Kind an Hunger stirbt; Frauen, die sich zur Prostitution gezwungen sehen, um ihre Familie zu ernähren; Gefolterte, denen im abgeschlossenen Keller grossmöglichster Schmerz zugefügt wird; vom Krieg Traumatisierte und Verstümmelte, Krebskranke, Einsame, Entwürdigte.

In einem umfassenderen Sinn kann die ganze Geschichte der Erde mit einbezogen werden: Die Erde als winzige Episode im All. Die Lebewesen, die um ihren Bestand kämpfen und von Eiszeiten und andern Katastrophen zu Millionen ausgerottet werden[62]. Das Gesetz vom Recht des Stärkeren, der das Schwächere tötet, um selber zu bestehen. Der tägliche Kampf aller Lebewesen ums Überleben. Der Mensch, der die Brutalität des Geschehens durchschauen und steuern kann, aber immer noch rücksichtslos seine Interessen durchsetzt, den Planeten dienstbar macht und ihn dabei zusehends zerstört. Der aufgeklärte Mensch unserer Tage, kultiviert und technisch aufgerüstet, doch immer noch das Untier, das Reichtum scheffelt, das verhungern lässt, das foltert, das sinnlose und herzlose Kriege führt.

An dieses Kreuz sind wir genagelt[63]. Immer wieder bricht der Schrei der Gottverlassenheit durch: »Gott, mein Gott, warum hast du mich verlassen?« (Markus 15,34). Auf dieses Kreuz muss die Sonne der Auferstehung scheinen, wenn sie überhaupt scheinen soll.

Auferstehung

Die Diskussion, wie die Auferstehung Jesu zu verstehen sei, verläuft unter Theologinnen und Theologen immer noch kontrovers. War das Grab wirklich leer oder ist das Legende? Handelte es sich um eine körperliche Wiederbelebung des toten Jesus? Ist er seinen Leuten leibhaft erschienen oder waren es Visionen?

Letztlich ist das unerheblich. Auferstehung im Sinn einer Wiederbelebung des Körpers wäre ein vergangenes Ereignis, ohne direkte Auswirkung auf unser Leben. Erheblich ist der vertrauensvolle Glaube, dass das Kreuz nicht das letzte Wort ist. Dieser Glaube gab der ersten Generation die Kraft, wieder aufzustehen. Karl Rahner sagt es so: »Die Auferstehung Christi ist nicht ein anderes Ereignis *nach* Jesu Tod, sondern die Erscheinung dessen, was *im* Tode Jesu geschehen ist«[64]. Und wenn wir in die Kreuzigung alles Leiden der Welt mit einbeziehen, ist Auferstehung Licht auf dieses Leiden. Es nährt sich aus der vielfach bezeugten Erfahrung leidender Menschen, dass auch im Unsinn Sinn erfahren werden kann.

Erlösung als Weg aus der »Ursünde«

Erlösung muss als Vorgang in unserm eigenen Innern gesehen werden. Wie die »Ursünde« sich nicht von einem Ereignis im Paradies her ausgebreitet hat, so kommt auch die Befreiung daraus nicht durch ein äusseres Geschehen[65].

Wir können durchaus sagen, dass Jesus und das Christentum Erlösung in unserer Kultur angebahnt haben. Seit Jesus ist die Angst vor dem gewaltbereiten, ängstigenden, Opfer fordernden Gott in den Hintergrund getreten. Hass und Unsinn sind weiterhin verbreitet, doch ist ein Weg von Nicht-Rache, von Gewaltfreiheit, von Liebe vorgezeichnet, der Perspektiven einer humanen Welt aufscheinen lässt. Nicht eine von Vorschriften und Verboten geprägte Moral ist mehr gefragt, die bekanntlich nur Überheblichkeit oder Schuldgefühle hervorbringt, sondern grossmütige Liebe. Anstelle der Machtspiele tritt gegenseitiges Dienen,

anstelle von Ausgrenzung der »Bösen« gilt Tischgemeinschaft mit allen, anstelle der Hochachtung für
Gutbetuchte tritt die Freude am Konsumverzicht als
Wertvorstellung für soziales Verhalten. Sinnleere wird
überwunden durch radikalen Einsatz für das, was uns
als »Gottesreich« aufgeht.

Diese kulturellen Vorgaben gilt es als Individuum
nachzuvollziehen, wenn Erlösung geschehen soll. Auch
nach zweitausend Jahren hat sich die Erlösung gesellschaftlich nicht durchgesetzt. Doch wir haben die Möglichkeit, in die von Jesus vorgegebene Lebensform ein-
zusteigen und ihre Verwirklichung in unserm Bereich
zu vollziehen. Erlösung heisst dann: Wenn ich mich auf
den Weg begebe, den Jesus vorgezeichnet hat, wird
meine »Urspaltung« überbrückbar. Nicht im Sinn nai-
ver Glücksvorstellungen, sondern in der nüchternen
Zuversicht und Freude, dass trotz »Urspaltung« ein
konstruktives und sinnerfülltes Leben möglich ist.

5. Spuren des »Christus« in der neueren Zeit

Von aussen betrachtet, scheint sich der Christus-Mythos
aus unserer Kultur zu verabschieden. Wir feiern ihn
noch im Festkalender, aber die Menschen unseres Kul-
turkreises verbringen die Feiertage lieber im Auto als in
der Kirche. Wer eine Kathedrale besucht, schreitet beim
Eingangsportal unter dem Weltenrichter Christus
durch, doch gilt das Interesse eher der Kunst als der
Religion. Unsere Chöre singen mit Begeisterung die
Oratorien und Kantaten von J.S. Bach, doch singen sie
munter über die schwer nachvollziehbaren Texte hin-

weg. Die Sprachformeln von Sünde und Erlösung werden noch gebraucht, aber von Sünde wird eher im Kontext der Gewichtskontrolle gesprochen. In Freikirchen, vor allem in Jugendkirchen, wird in Pop und Rock Christus begeistert gefeiert, doch trotz trendiger Musik herrscht inhaltlich oft eine fundamentalistische und moralistische Mentalität.

Und doch gibt es Hinweise, dass sich »Christus« in der neueren Zeit nicht verloren hat. Das soll hier anhand von ausgewählten Beispielen aufgezeigt werden. Natürlich ist es unmöglich, den beschriebenen Personen in den wenigen Zeilen gerecht zu werden. In den Anmerkungen finden sich Anregungen zu weiterführender Literatur.

Neuere mythische Christus-Konzepte

Pierre Teilhard de Chardin[66] *(1881-1955)*
Teilhard war als Paläontologe fasziniert von der Evolutionstheorie. Er wollte sie mit dem Christentum in Einklang bringen. Als Jesuit und Mystiker[67] litt er darunter, dass die katholische Kirche sich ablehnend verhielt. Die Evolution ist für Teilhard nicht abgeschlossen; sie treibt den Menschen weiter zu höherem Bewusstsein und umfassender Zusammengehörigkeit. Treibende Kraft der Evolution ist die Liebe. Endpunkt dieser Entwicklung ist Christus, der diese Liebe modellhaft verwirklicht hat. Er führt den Evolutionsprozess weiter zum »Punkt Omega«, dem Endziel des kosmischen Geschehens.

Teilhard schafft einen neuen Mythos. Er deutet den Mythos von der Wiederkunft Christi um: Christus kommt nicht als Richter, sondern als Endpunkt der Evolution. Damit versucht Teilhard, seine optimistische

Sicht von der Evolution mit der hoffenden Zuversicht des gläubigen Menschen zu verbinden. Das sprengt natürlich den Rahmen einer wissenschaftlichen Theorie. Doch wir können Teilhards Vision würdigen als einen Versuch, aus einer mystischen Sicht die Entfremdung zwischen Wissenschaft und Glauben zu überwinden.

Rudolf Steiner[68] (1861-1925)

Steiner, der Begründer der Anthroposophie, schöpfte seine Konzepte aus den gnostischen Traditionen der Vergangenheit[69], aber auch aus eigenem »Wissen aus einer übersinnlichen Welt«. Für ihn war der Kreuzestod Jesu ein zentrales, objektives Ereignis, der »wichtigste Punkt in der Erdenentwicklung der Menschheit«. »Christus« ist für Steiner eine überzeitliche geistige Kraft, die sich in Jesus inkarniert hat. Jeder Mensch entstammt der übersinnlichen Welt und hat die Aufgabe, dorthin zurückzufinden. Bis zu Jesus war es Aufgabe des Menschen, sich in der materiellen Welt einzurichten und dabei die eigene Individualität zu entwickeln. Durch den »Christus-Impuls« bekam er dann die Möglichkeit, sich seiner Individualität bewusst zu werden und die innere Freiheit zu erlangen.

Die ewige Existenz des »Christus« ist für Steiner nicht Mythos, sondern eine in den geistigen Welten existierende Wirklichkeit. Die Inkarnation in der historischen Person Jesus fügt sich ein in die Lehre von der mehrfachen Wiedergeburt des Menschen. Steiner hat damit die von der offiziellen Kirche abgelehnten gnostischen Lehren wieder in Erinnerung gerufen.

Präsenz des »Christus« in der Literatur

Fjodor Dostojewski (1821-1881)
Es ist Ermessenssache, ob wir Dostojewski zu den Autoren der neueren Zeit rechnen wollen. Sicher weist er mit seinen Romanfiguren schon in unsere Zeit voraus. Seinen Helden im Roman »Der Idiot« (1868) bezeichnet er als eine Christusfigur. Von Anfang an von Epilepsie gezeichnet, geht er völlig arglos und schutzlos auf alle Menschen zu, wird von ihnen als »Idiot« verlacht und prägt doch mit seinem Wesen das Geschehen um ihn herum.

In ergreifender Weise wird im Roman erfahrbar, wie sich die Werte des »Christus« in einer von Habgier und Prestige geprägten Welt auswirken.

Patrick Roth (geb. 1953)
In den Jahren 1991 bis 1996 schrieb Roth eine »Christus-Trilogie«[70]. Sie besteht aus drei Novellen und trägt den Titel »Auferstehung«. Die erste davon, Riverside, war lange Jahre ein Bestseller. Roth verarbeitet in diesen Novellen den Christus-Mythos als Metapher für die menschliche Existenz. In einer eigenwilligen, fesselnden und aufrüttelnden Sprache bearbeitet er die biblischen Erzählungen. Ereignisse werden in andere Zusammenhänge gestellt, Symbole verfremdet, alte Fragen um Schuld und Erlösung neu aufgeworfen. Es ist nicht der Jesus der Theologie, der dogmatisch fassbare, der dargestellt wird. Roth fokussiert auf das Geheimnis in ihm, die auferweckende Kraft hinter der Oberflächlichkeit des Geschehens. Mysterien des Christentums erscheinen im Kleid des Alltäglichen, lassen aber hintergründig die Dimension des Mysteriums durchscheinen.

Roth rüttelt auf. Er hinterfragt den oberflächlichen Glauben an Christus, der sich mit der Überlieferung biblischer Ereignisse begnügt, ohne den Mut zu haben, das Überlieferte umzusetzen. Jesus ermächtigte zu heilen, sogar Tote aufzuerwecken (Matthäus 10,8); warum ist unser Glaube so zaghaft?

Präsenz des Christus in den Künsten

Marc Chagall (1887-1985)
Chagall war Jude mit russischen Wurzeln. 1938, als die Judenverfolgung in Deutschland voll im Gang war, malte er die »Weisse Kreuzigung«. Das Bild zeigt den Gekreuzigten als Juden, inmitten von Symbolen aus allen Kulturen und Religionen, vor allem aus dem Judentum. Als jüdische Kreise ihm vorwarfen, dieses christliche Symbol zu verwenden, schrieb er:»Sie haben nie verstanden, wer dieser Jesus, einer unserer liebevollsten Rabbiner, der stets für die Bedrängten eintrat, wirklich war. Sie haben ihn mit lauter Herrschaftsprädikaten bedacht. Für mich ist er das Urbild des jüdischen Märtyrers zu allen Zeiten«[71]. Bis zu seinem Tod war die Kreuzigung im Werk Chagalls gegenwärtig, eingebettet in die grossen Mythen der jüdischen Religion.

Der Christus Chagalls überschreitet den Rahmen des Christentums; er wirkt als versöhnende Kraft zwischen den beiden Religionen.

Josef Beuys[72] (1921-1986)
Beuys gilt als einer der bedeutendsten Künstler des 20. Jahrhunderts. Er lehnte sich an das Menschenbild Rudolf Steiners an. Dieses schien ihm geeignet, den in der Kunst verbreiteten Materialismus zu überwinden. Im-

mer wieder gestaltete er das Thema der Kreuzigung. Er brachte sie in Bezug zum eigenen Leiden und zum Leiden der Welt. Er fühlte sich berufen, in seiner Kunst den »Christus-Impuls« zu verbreiten und so einen Beitrag zu leisten zur spirituellen Transformation der Menschheit. Zu seiner Kunst zählten auch symbolische »Aktionen«, in denen er seine Person voll einsetzte. Als ihm bei einer Aktion ein wütender Student die Nase blutig schlug, griff er, immer noch blutend, nach einem Kruzifix und hob es hoch, zum Zeichen seiner Identifikation mit dem »Christus«.

Die Kreuzigung ist für Beuys Symbol für das Leiden in der Welt, das er als Künstler tief erlebt. Dabei beeindruckt er durch seine Betroffenheit und sein Engagement, das weit über den Bereich der Kunstszene hinaus wirkt.

Krzysztof Eugeniusz Penderecki (geb. 1933)
Penderecki zählt zu den wenigen zeitgenössischen Komponisten, die in weiteren Kreisen bekannt geworden sind. Seine Lukas-Passion[73], die er 1966 komponierte, fand grosse Verbreitung. Der gläubige Katholik Penderecki zeichnet eindrucksvoll den leidenden Christus als Repräsentanten der leidenden Menschen, vor allem des polnischen Volkes. Der Text wird lateinisch gesungen und verweist so auf die christliche Tradition. Die moderne, ergreifende, aufrüttelnde musikalische Sprache andererseits versetzt das Geschehen in die heutige Zeit.

Im ganzen Werk erklingt in gewaltigen Klängen die grosse Klage: warum dieses unsägliche Leid? Lautmalerei unterstreicht die Vorgänge, langgezogene Klagen wechseln mit heftigen Ausbrüchen. Das Archaisch-Gewalttätige des Ereignisses bricht durch und wühlt auf. Harte, eindringliche Fortissimi, Clusters und verwirrende Sprechchöre zerbrechen unsere oft verniedlichenden Vorstellungen des Geschehens. Die Passion endet mit einem Psalm der Hoffnung, in Klängen, die vorsichtige Zuversicht ausdrücken.

Präsenz des »Christus« in Lebensentwürfen

Ganz besonders lebt Christus in Menschen weiter, die ihn im eigenen Leben und Wirken verkörpern.

Simone Weil[74] (1909-1943)

Simone Weil war eine französische Philosophin jüdischer Herkunft. Sie war vom Katholizismus und seinen Ritualen sehr angezogen, stand aber der Kirche zu kritisch gegenüber, um sich ihr anzuschliessen. Sie hatte in den Ostertagen 1938 bei einem Aufenthalt im Kloster Solesmes eine starke mystische Erfahrung: »Christus [ist] selbst herniedergestiegen und hat mich ergriffen. In meinen Überlegungen über die Unlösbarkeit des Gottesproblems hatte ich diese Möglichkeit nicht vorausgesehen: Die einer wirklichen Berührung, von Person zu Person, hienieden, zwischen dem menschlichen Wesen und Gott.«

Mystik war aber nur eine Seite ihres Lebens. Sie war tief ergriffen von der Not der Welt. Sie wollte über die Not der Fabrikarbeiterinnen nicht nur schreiben, sondern auch deren Leben teilen. Mehr noch als die soziale Not erschütterte sie die Sinnentleerung des erniedrigten Menschen. Sie war sozial und politisch bis zur Erschöpfung engagiert. Am Schluss ihres kurzen Lebens wollte sie nicht mehr Nahrung einnehmen, als die Menschen in Armut zur Verfügung hatten.

Weil hatte Christus persönlich erfahren. Im Zentrum ihres Lebens stand seither das Kreuz. Sie sah es als eine Gelegenheit, sich selber »zu entleeren« und die Not durch Liebe zu überwinden.

Dorothy Day[75] (1897-1980)
Dorothy Day entstammte einer verarmten Journalisten-familie in den USA. Persönliche Kontakte weckten in ihr schon früh Sympathien für die katholische Kirche, »die Kirche der Einwanderer und der Massen von Armen, die in Christus zusammenfanden«. Vor allem seit der Geburt ihrer Tochter bekamen Gebet, Kontemplation und Besuch der Messe immer grössere Bedeutung. Zusammen mit Peter Maurin gründete sie eine kleine, erfolgreiche Zeitung, den Catholic Worker, die jedem erschwinglich sein sollte und deshalb bis heute für einen Cent verkauft wird. Darin schilderte sie Ereignisse aus der Welt der Armen und setzte sich für deren Rechte ein. Ihr Haus wurde eine Lebens- und Arbeitsgemeinschaft, die Armen und Verwahrlosten Gastfreundschaft und Hilfe bot. Day und ihre Gemeinschaft setzten sich für Gerechtigkeit und Frieden ein mit Demonstrationen, Hungerstreiks, Steuerboykott und andern Massnahmen. Sie kämpften gegen Kommunistenhetze und Vietnamkrieg, verweigerten sich auch dem Zivilschutz, der für sie Kriegsvorbereitung war. Day war deshalb mehrmals im Gefängnis.

Was Dorothy Day besonders macht, ist die Verbindung von unreflektiertem, konservativem Katholizismus, tiefer Mystik und radikalstem Sozialeinsatz. Im Zentrum stand für sie Christus mit seiner Armut und Gewaltlosigkeit. Sie ging täglich zur Messe, gehorchte den kirchlichen Führern, akzeptierte uneingeschränkt die Dogmen und Kirchenstrukturen, kritisierte aber umso heftiger das Versagen der Kirche in der Umsetzung ihrer Aussagen.

Dag Hammarskjöld[76] (1905-1961)

Hammarskjöld war von 1953 bis zu seinem Tod Generalsekretär der Vereinten Nationen. Er leistete erfolgreiche Vermittlungs- und Versöhnungsversuche mitten in den zerstrittenen Staaten. Er stürzte 1961 auf einem Flug in den Kongo ab, wo er eine Versöhnungsaufgabe übernehmen sollte. Dokumente, die 1998 von der südafrikanischen Wahrheitskommission veröffentlicht wurden, lassen auf ein Attentat westlicher Geheimdienste und Wirtschaftsführer schliessen; seine Friedenspolitik passte nicht in ihre Pläne. Erst nach seinem Tod fand man sein Tagebuch, worin sich zeigte, dass er seine Arbeit aus einer tiefen Christus-Mystik heraus leistete. Er litt unter den uneinsichtigen Machthabern, mit denen er es zu tun hatte, und identifizierte sich mit Christus, der »ohne Selbstbedauern oder ein Bedürfnis nach Mitleid zu Ende geht in das selbst gewählte Schicksal«. Er betrachtete sein Leben als Dienst, für den eigene Interessen zurückgestellt werden müssen. »Selbstverwirklichung geschieht durch Selbstaufgabe«, schreibt er. Mystik ist für ihn nicht nur inneres Erleben, sondern auch Handeln: »Der Weg zur Heiligung geht in unserer Zeit notwendig über das Handeln.«

Drei Monate vor seinem Tod schrieb er eine Art Glaubensbekenntnis in sein Tagebuch: »Ich weiss nicht, wer – oder was – die Frage stellte. Ich weiss nicht, wann sie gestellt wurde. Ich weiss nicht, ob ich antwortete. Aber einmal antwortete ich ja zu jemandem – oder zu etwas. Von dieser Stunde her rührt die Gewissheit, dass das Dasein sinnvoll ist und dass darum mein Leben, in Unterwerfung, ein Ziel hat. Seit dieser Stunde habe ich gewusst, was das heisst, nicht hinter sich zu schauen, nicht für den andern Tag zu sorgen.«

Christus war für Hammarskjöld Vorbild für ein Leben in restloser Hingabe. Tiefe Mystik und ausdauerndes politisches Handeln fanden sich bei ihm zu einer eindrücklichen Einheit.

Nelson Mandela[77] (1918-2013)

Wenn ich hier Mandela als eine Verwirklichung der Christus-Figur aufführe, mag das fragwürdig erscheinen. Für Mandela war Gewaltlosigkeit nicht ein Prinzip, sondern eine Taktik. Wenn sie selbstmörderisch werde, müsse man zur Gewalt greifen, schreibt er in seiner Autobiographie. Hier unterscheidet er sich von Jesus, aber auch von Gandhi. Sein beharrlicher, kraftvoller und mutiger Einsatz für Gerechtigkeit unter schwierigsten Opfern, seine Weigerung, sich von Hass bestimmen zu lassen, sein unerbittlicher Einsatz für Versöhnung auch nach siebenundzwanzig Jahren Gefangenschaft bringen ihn aber in die Nähe von »Christus«. Vielleicht zeigt er mehr als andere auf, dass »Christus« nicht ein starres Konzept, sondern eine lebendige, wandlungsfähige Figur ist.

Es ist eindrücklich, wie anlässlich seines Todes die ganze Welt Mandela als Vorbild pries. Das Ideal der Menschlichkeit, des Verzeihens, der Versöhnung läuft zwar quer zu fast allem, was in Politik und Gesellschaft vor sich geht, scheint aber überall in der Welt als Ideal lebendig zu sein.

Was können wir festhalten?

- Jesus setzte Werte in die Welt, die heute noch gültig und zukunftsweisend sind: Er fördert ein menschenfreundliches Gottesbild. Er hebt die Schranken zwischen den Frommen und den Ausgestossenen auf, hält Tischgemeinschaft mit allen. An die Stelle von Macht setzt er Armut und Geschwisterlichkeit. Kult und moralische Korrektheit verlieren ihre Bedeutung zugunsten einer auch die Feinde umfassenden Liebe.

- Die Lehre vom Sohn Gottes, durch den alles geschaffen ist, der Mensch wurde und am Kreuz für uns starb, der nun zur Rechten Gottes die Welt regiert und einst als Richter wiederkommen wird, muss als Mythos verstanden werden, als Deutung der Ereignisse durch die ersten christlichen Generationen. Nichts spricht dagegen, dass wir die Ereignisse aus unserm Kontext neu deuten.

- Kreuz und Auferstehung als Metapher für den leidenden und verzweifelnden Menschen haben auch heute Aussagekraft. Jeder Mensch ist früher oder später davon betroffen. Es geht dabei um die Frage, wie im Sinnlosen Sinnfindung möglich ist.

- Die Darstellung des »Christus« in Literatur, Kunst und Lebensentwürfen zeigt ihn als eine geistige Figur, die sich in vielen Formen darstellt. Dabei überschreitet er die Grenzen der Konfessionen, sogar der Religionen. Zentral sind in diesen Darstellungen Gewaltlosigkeit, Liebe und Überwindung menschlichen Leids.

- »Christus« wird zunehmend politisch. Gandhi wird der Satz zugeschrieben, wer heute die Menschen liebe, der müsse politisch sein. Liebe kann an der Not der Welt nicht vorbeischauen.

3. Kapitel:

Die Frage nach Gott

»Gott« gibt es in allen Sprachen der Welt. Es muss also wohl etwas damit gemeint sein. Das Wort muss auf ein Phänomen verweisen, das den Menschen aller Länder und Zeiten zugänglich war. Mehr noch: Die erhabensten Gebäude wurden für Gott gebaut, die ergreifendste Musik für ihn geschrieben, die schönsten Bilder für ihn gemalt. Eine grosse Zahl feinfühliger Menschen haben ihm als Mönch oder Nonne ausschliesslich ihr Leben gewidmet. Die Frage nach Gott ist gestellt.

Andererseits ist Gott aus der Öffentlichkeit verschwunden. Kaum jemand spricht noch von ihm. Ich lese Zeitung, ich schaue Filme, ich lese Bücher: Gott spielt kaum mehr eine Rolle. Wenn ich einen Menschen unserer Zeit frage, ob er sich vor Gott schuldig fühle, schaut er mich vermutlich mit grossen Augen an. Wenn ich nach seiner Spiritualität frage, spricht er von Quantenphysik, von Astrologie, von Wiedergeburt, von Meditation, vom Leben im Hier und Jetzt. Nicht von Gott.

Ist es sinnvoll, das Wort »Gott« weiterhin zu gebrauchen? Können wir es von allen daran haftenden Missverständnissen reinigen, es verknüpfen mit dem, was unserem Leben Sinn und Mitte gibt? Kann es noch ein Mittel der Verständigung, ein Brennpunkt des Lebens sein?

1 Gottesvorstellungen in der Geschichte

Der Gott der Urerfahrung

Als der Mensch noch kein wissenschaftliches Verständnis der Naturvorgänge hatte, müssen die Ereignisse in seiner Lebenswelt noch viel stärker auf ihn gewirkt haben als heute. Das Meer war überwältigend, der Blitz bedrohend, Naturkatastrophen war man ausgeliefert.

Noch bevor die Menschen Götter verehrten, deuteten sie das Unverständliche und Unbeherrschbare der Welt als magische Kräfte. Diese wurden verehrt, gefürchtet, mit Ritualen zu beeinflussen versucht. Später dann entstanden daraus personale Gottheiten, die im Himmel wohnten und wirkten. Mythen erzählten von ihnen. Sie lebten und wirkten wie Menschen. Es ist offensichtlich, dass es sich um Projektionen der menschlichen Seele handelt.[78]

Der Gott des Alten Testaments

Auch der Gott der Bibel erwuchs aus magischen und mythischen Vorstellungen. Jahwe spaziert im Paradiesgarten. Er besucht Abraham, er lässt Feuer auf Sodoma und Gomorra regnen. Er lässt die fehlbare Menschheit überfluten. Die Geschichtsbücher schildern den langen Kampf Jahwes gegen fremde Götter. Magische Kultgegenstände drangen immer wieder ins Brauchtum Israels ein und wurden von Priestern und Königen mit äusserster Heftigkeit bekämpft.

Jahwe war vorerst ein Gott unter andern. Er war der Gott Israels, der gegen die andern Götter für sein Volk kämpfte. Es wurden auch andere Gottheiten verehrt; es gibt archeologische Funde, die Jahwe zusammen mit der Göttin Aschera darstellen[79]. Erst nach dem babylonischen Exil, etwa um 600 vor Christus, setzte sich der Ein-Gott-Glaube durch. Jahwe war nun nicht mehr einfach der Volksgott Israels, sondern der einzig existierende Gott. Der Gott Israels blieb er weiterhin; er hatte sich Israel zu seinem Volk erwählt.

Der Gott Jesu

Die Vorstellungen von Jahwe entwickelten sich in der Bibel weiter. Der strafende, gewalttätige Gott verlor allmählich seine schrecklichen Aspekte. Die Propheten schildern, wie er zu seinem Volk steht, es führt, ihm verzeiht, ja, es liebt. Jesus führte diese Entwicklung weiter bis zum Gott, der »die Sonne scheinen lässt auf Gerechte und Ungerechte« (Matthäus 5,45).

Jesus nannte Gott »Abba«, etwa übersetzbar mit »lieber Vater«. Was seine Gottesbeziehung auszeichnet, ist diese Vertrautheit. Er fühlte sich von Gott getragen. Gott sorgt für den Menschen, mehr als für die Vögel, denen es ja an nichts fehlt (Matthäus 6,26). Er ist nicht der Gott der Gerechten, der die »Sünder« verstösst; er sucht das verlorene Schaf (Lukas 15,3ff.); er begegnet dem abspenstigen Sohn mit mehr Aufmerksamkeit als dem korrekten, daheimgebliebenen (Lukas 15,11ff.).

Der Gott der griechischen Philosophie

Schon im 6. Jahrhundert vor Christus hatten griechische Philosophen begonnen, über die mythischen Götter nachzudenken und sie in Frage zu stellen. Sie suchten nach dem Prinzip, das letztlich hinter dem Kosmos und den menschlichen Geschicken steht. Woraus besteht die Welt? Wie konnte aus dem Nichts etwas entstehen? Wer entscheidet über menschliches Schicksal? Darüber sollte nun nicht mehr der Mythos, sondern die Vernunft Antwort geben.

Für Parmenides war es das Eine, Unveränderliche, für Heraklit das ständig sich Wandelnde; für Thales war es das Urelement Wasser, für Anaximenes die Luft; für Demokrit bestand alles aus Atomen, für Anaximenes kam es aus dem qualitätslosen Unbegrenzten; für Pythagoras waren es die Zahlen, für Empedokles der Streit der Elemente. Alle suchten letztlich nach dem Einen, das alles begründet.

Bleibende Akzente setzten Plato und Aristoteles. Sie hinterfragten den griechischen Götterhimmel und sprachen vom einen Gott. Plato schildert in seinem berühmten Höhlengleichnis, wie wir Menschen in einer Höhle sitzen, mit dem Rücken zum Ausgang. Wir sehen nur die Schatten von allem, was draussen geschieht; wirklich ist die Welt der »Ideen«, und Gott ist die höchste Idee. Für Aristoteles war Gott der unbewegte Beweger aller Dinge. Alles, was sich verändert, verlangt eine Ursache. Die Kette der Ursachen greift zurück bis zu Gott, der selber nicht mehr verursacht ist. Beide Vorstellungen wirkten über Jahrhunderte weiter in Philosophie und Theologie.

Gott im frühen Christentum

Als das jüdisch geprägte Christentum mit der griechischen Kultur in Kontakt kam, begegneten sich zwei verschiedene Gottesvorstellungen. Der jüdische Gott war lebendig, wirkte in der Geschichte, belohnte und strafte. Der griechische Gott hingegen war der Ewige, der unbewegte Beweger aller Dinge, der Urgrund des Seins.[80]

Die Begegnung der beiden Kulturen löste eine grosse Dynamik aus. Schon im 2. Jahrhundert beschäftigten sich Theologen mit der Vereinbarkeit der beiden Konzepte. Clemens von Alexandria (150-215) fand einen Weg, den Konflikt zu entschärfen: Er vertrat, dass die Eigenschaften, die Gott zugeschrieben wurden, nur begrenzt gültig sind; sie sind bildhafter Ausdruck für das, was letztlich nicht ausgedrückt werden kann.

Dreifaltigkeit

Was die Menschen der ersten christlichen Jahrhunderte aber in der Gottesfrage am meisten bewegte, war die Gottheit Christi. Jesus hatte als Mensch in Palästina gelebt, wurde aber auch als Gott verehrt. Wie ging das zusammen?

Wie schon im Kapitel über den Christus-Mythos geschildert, dogmatisierten die Konzile von Nizäa und Konstantinopel die Gottheit Jesu. Nach langjährigen Debatten und Streitigkeiten einigte man sich auf die Formel: Christus hat zwei Naturen, die göttliche und die menschliche, aber er ist nur eine Person. Auch der Heilige Geist wurde einbezogen: »Wir glauben an den Heiligen Geist, den Herrn und Lebendigmacher, der aus dem Vater und dem Sohn[81] hervorgeht, der mit dem Vater und dem Sohn angebetet und verherrlicht wird, der gesprochen hat durch die Propheten«. Damit war die Lehre über die Dreifaltigkeit formuliert; die Formel »Vater, Sohn und Heiliger Geist« findet sich seither in unzähligen Gebeten wieder.

Abgelehnt wird die Lehre von der Dreifaltigkeit vom Judentum und vom Islam. Vor allem der Islam verurteilt sie als Lehre von drei Göttern. Dreigötterlehre ist aber nicht im Sinn des christlichen Verständnisses; sie wurde von der Kirche ausdrücklich abgelehnt.

Der Heilige Geist

Der Geist Gottes spielt schon im Alten Testament eine bedeutende Rolle. Das hebräische Wort »ruach« hiess ursprünglich Wind oder Atem. Wenn der Geist Gottes im Schöpfungsbericht über der Urflut schwebt (Genesis 1,2), so stellte man sich dabei den alles belebenden Atem Gottes vor.

Im Neuen Testament erhält der Geist neue Bedeutung. Er »überschattet« Maria, wenn sie Jesus empfängt (Lukas 1,35). Er steigt auf Jesus herab bei seiner Taufe durch Johannes (Markus 1,10). Er ist den Menschen versprochen als die Kraft, die den scheidenden Jesus ablöst (Johannes 16,7). Er bewegt die Menschen im Pfingstereignis und ermöglicht ihre Verbundenheit über die nationalen Grenzen hinweg (Apostelgeschichte 2,1 ff.). Er zeigt sich in der Korinther Gemeinde in der Form von Prophetie und Zungenreden (1. Korinther 12,1-13,3). Zu allen Zeiten beriefen sich Christinnen und Christen auf diesen Geist, um sich gegen die Einschränkungen der Amtskirche abzugrenzen. Man postulierte eine Kirche des Geistes, im Gegensatz zur oft verweltlichten Form des offiziellen Christentums.

2 Der Gott der Philosophen

Philosophische Theologie

Bis ins Mittelalter ging man davon aus, dass Philosophie und Theologie sich nicht widersprechen. Die Philosophie deckte auf, wie Gott durch die Vernunft von der Welt her erklärt werden konnte; die Theologie stützte sich auf die Bibel, die »Kirchenväter« und die Konzile. Thomas von Aquin (1225-1274) fasste beide Quellen in seinem monumentalen Werk »Summa theologica« zusammen.

Diese grosse Synthese zerbrach am Ende des Mittelalters und kam seither nie mehr zustande. Die Theologie setzte sich fortan mit den philosophischen Ansichten der jeweiligen Zeit auseinander, oft in abwehrender Haltung.

Die grossen Atheisten

Vom 16. Jahrhundert an erstarkte das menschliche Selbstbewusstsein. Die Kirche wurde angegriffen, vorerst in naturwissenschaftlichen Dingen, später in ihren Grundfesten. Der Atheismus entstand.

Ludwig Feuerbach[82] (1804-1872) deutete Gott als Projektion der menschlichen Werte in ein äusseres Wesen. Damit verliere der Mensch das Bewusstsein für das, was ihn als Menschen auszeichne. Es sei Zeit, die Projektion rückgängig zu machen und dem Menschen seinen Wert zurückzugeben.

Karl Marx[83] (1818-1883) führte die Gottesidee auf soziale Not zurück. Sie sei der »Seufzer der bedrängten Kreatur, das Gemüt einer herzlosen Welt«. Es gehe nun darum, die sozialen Missstände zu bekämpfen, statt mit Jenseitshoffnungen darüber hinwegzutrösten.

Sigmund Freud[84] (1856-1939) entlarvte bestehende Gottesbilder als Elternprojektionen und sah dementsprechend in der Religion eine kollektive psychische Krankheit.

Friedrich Nietzsche[85] (1844-1900) schliesslich verkündigte den Tod Gottes; er stellte fest, dass Gott in der Welt nicht mehr präsent ist. Er nahm die Frage sehr ernst; er fürchtete einen kommenden Absturz in eine sinnferne Kultur.

Eine Theologie ohne Gott?

Selbst in der Theologie ist »Gott« inzwischen ein umstrittener Begriff geworden. Schon um 1960 entstand in den USA eine theologische Richtung, welche im Anschluss an Friedrich Nietzsche den »Tod Gottes« proklamierte. Im deutschsprachigen Bereich ist sie vor allem durch Dorothee Sölle vertreten[86]. Andere Theologen wollen Gott nicht weiter mit Prädikaten wie »allmächtig« versehen. Wenn Gott allmächtig wäre, bliebe ja unverständlich, warum er in einer ungerechten Welt nicht Ordnung schafft. Sie sprechen deshalb vom leidenden Gott, der die Not des Menschen teilt[87]. In der Prozesstheologie ist Gott nicht ewig und unveränderlich, sondern entwickelt sich mit der Welt[88]. Alle diese Konzepte suchen eine Antwort auf die Frage, wie der immer wieder hinterfragte Gott heute verstanden werden kann.

Schliesslich ist noch auf die Negative Theologie hinzuweisen. Sie wurde schon im frühen Mittelalter vertreten. Das 4. Laterankonzil (1215) hatte sie offiziell bestätigt. Sie wird in allen Jahrhunderten, auch heute, immer wieder aufgegriffen[89]. Sie erklärt, dass alles, was wir über Gott sagen, mindestens ebenso falsch wie richtig ist. Gott ist im Grund unerkennbar. Wir brauchen Worte, um auf ihn zu verweisen, aber sie genügen nicht.

Das Denken ist in Frage gestellt.

In der neuzeitlichen Philosophie ist die Vernunft in Frage gestellt[90]. Wenn zweitausendfünfhundert Jahre Vernunft nicht den Unsinn zweier Weltkriege, des Nationalsozialismus und Stalinismus verhindern konnte, wenn sie sogar dazu beigetragen hat – was ist sie da überhaupt wert? Die Vernunft bescherte der Menschheit einen grossen Schatz an Wissen und an technischen Möglichkeiten. Sie verleitete aber auch zunehmend dazu, das Einzelwesen dem Ganzen, das Leben dem Wissen, das Individuum dem Kollektiv unterzuordnen. In totalitären Staaten ist der Mensch kein Einzelwesen mehr, sondern ein Element im Staat, das dem Ganzen geopfert werden kann. Philosophen der neueren Zeit prangerten das heftig an (Max Horkheimer, Jean-François Lyotard).

Schon Anfang des 20. Jahrhunderts hatte Edmund Husserl (1859-1938) beklagt, die Philosophie sei ins Theoretisieren abgegleitet und habe die »Lebenswelt« der Menschen aus den Augen verloren. Diese aber sei die Grundlage jedes Denkens. Kein Mensch könne auch nur einen Satz denken, wenn ihm nicht eine Alltagssprache und ihre Verwurzelung in einer Kultur vorgegeben sind. Die Philosophie soll nicht mit Konzepten auf die Welt zugehen, sondern sie so wirken lassen, wie sie sich uns zeigt (Phänomenologie). Martin Heidegger (1889-1976) doppelte nach: Für ihn ist das theoretische Denken nur »starres Begaffen eines puren Vorhandenen«.

Dem Denken wird von neueren Philosophen oft auch die Fähigkeit abgesprochen, Aussagen über Tiefe, Lebenssinn und Ethik zu machen. »Es gibt kein letztlich Tiefes, es gibt nur ein Sinngewebe von Verweisungen und Aufschüben«, sagt Jacques Derrida (1930-2004). Denken ist ein praktisches Werkzeug für die Gestaltung der Welt; für die Sinnfindung ist es nicht geeignet.

Archimedes soll im Altertum noch stolz gesagt haben: »Gebt mir einen festen Punkt, und ich werde die Welt aus den Angeln heben.« Diesen Standpunkt gibt es heute nicht mehr. Wir riskieren das Versinken in Beliebigkeit. Die postmoderne Philosophie sucht Wege, wie wir damit leben können.

Absage an den bewiesenen Gott

Diese Entwicklung wirkt sich auch auf das Thema »Gott« aus. Bis ins Mittelalter war es klar: Dass Gott existiert, kann durch Denken nachgewiesen werden. Gott ist das Sein, das, was allem andern übergeordnet ist, das, von dem nichts Grösseres gesagt werden kann. Gott ist der Grund, auf dem alles Sein und alles Denken ruht. Durch die Infragestellung des Denkens gerät dieses Gedankengebäude ins Wanken. Das »Sein«, das man mit Gott gleichsetzte, ist nur ein Inhalt des Denkens, kein existierendes Wesen. Wenn das Wort »Gott« noch Sinn tragen soll, muss es anders verstanden werden.

Die Relativierung des theoretisch-technischen Denkens bedeutet zwar eine Verunsicherung des bisherigen Gottesverständnisses, es lädt aber auch dazu ein, »Gott« neu zu verstehen.

Drei Philosophen zur Gottesfrage

Drei Philosophen, die sich in neuerer Zeit mit der Gottesfrage auseinandergesetzt haben, sollen hier kurz vorgestellt werden: Karl Jaspers, ein deutscher Existenzphilosoph, Ludwig Wittgenstein, ein bedeutender Logiker und Sprachphilosoph aus England, und Emmanuel Lévinas, ein eigenwilliger Denker aus Frankreich mit jüdischem Hintergrund.

Karl Jaspers[91] *(1883-1969)*

Ausgangspunkt ist für Jaspers die »Subjekt-Objekt-Spaltung«. Wenn der Mensch denkt, steht ihm, dem Subjekt, das Gedachte als Objekt gegenüber. Auch wenn er über sich selber denkt, sogar wenn er über sein Denken denkt, gibt es immer noch zwei: ihn als Denkenden und das, was er denkt.

Das zeigt die Unmöglichkeit, das Ganze zu denken. Wenn wir es versuchen, ist auch das Ganze wieder ein Objekt – die Spaltung bleibt. Jaspers nennt das nicht denkbare Ganze »das Umgreifende« und identifiziert es mit Gott. Doch sobald wir das Wort »das Umgreifende« aussprechen, machen wir es schon wieder zu einem Gegenstand unseres Denkens. Wir können es nur indirekt benennen. Nur symbolisch, als »Chiffre« können wir davon sprechen.

Wir begegnen deshalb dem Umgreifenden nicht im Denken, sondern nur im Einsatz unserer Existenz. In der Offenheit zum Umgreifenden finden wir Freiheit. »Der Mensch, der sich wirklich seiner Freiheit bewusst wird, wird sich zugleich Gottes gewiss. Freiheit und Gott sind untrennbar.«

Aus der Transzendenz des Umgreifenden folgt die Unbedingtheit der Ethik. Wenn Sokrates aus Liebe zur Wahrheit freiwillig den Tod auf sich nahm, handelte er nicht aus erklärbaren Gründen, sondern aus der Freiheit des Unbedingten. »Gott ist das Sein, an das restlos mich hinzugeben die eigentliche Weise der Existenz ist. An was ich mich hingebe in der Welt, bis zum Einsatz meines Lebens, das steht in Bezug auf Gott.«

Ludwig Wittgenstein[92] *(1889-1951)*

Wittgenstein hat sich vor allem in der ersten Lebenshälfte intensiv mit der Gottesfrage auseinandergesetzt.

Für ihn ist klar, dass die Welt an sich weder sinnvoll noch sinnlos, weder gut noch böse ist. Sie ist einfach. Sie ist alles, »was der Fall ist«. »Der Sinn der Welt muss ausserhalb ihrer liegen. In der Welt ist alles, wie es ist, und geschieht alles, wie es geschieht, es gibt in ihr keinen Wert – und wenn es ihn gäbe, so hätte er keinen Wert«. Umso erstaunlicher ist für Wittgenstein, dass es in unserer Lebenswelt unzweifelhaft Elemente gibt, die hinausgehen über das, was »der Fall ist«.

Es gibt die Ethik, die uns fordert, ohne dass wir sie rational begründen können. Es gibt die Sprache, die wir auf nichts zurückführen können, ohne sie schon zu gebrauchen. Es gibt das nicht begründbare, aber doch gewisse Erleben, in Gott geborgen zu sein. Und es gibt das nicht hinterfragbare Staunen darüber, dass etwas ist und nicht nichts. Das alles verknüpft Wittgenstein mit dem Wort »Gott«.

Das Fachgebiet Wittgensteins ist die formale Logik. Auf dieser Ebene gibt es zu Gott nichts zu sagen. »Sätze können nichts Höheres ausdrücken. Es ist klar, dass sich die Ethik nicht aussprechen lässt.« Doch er weiss aus persönlicher Erfahrung, dass es »Höheres« gibt: »Es gibt allerdings Unaussprechliches. Dies zeigt sich, es ist das Mystische.«[93]

Emmanuel Lévinas[94] (1906-1995)
Lévinas, ein tiefgründiger und eigenständiger jüdischer Philosoph, brachte Gott in engen Zusammenhang mit der Beziehung zum Mitmenschen. Gott ist nicht fassbar, aber wir stossen auf ihn, wenn wir uns radikal dem Anders-Sein des Mitmenschen aussetzen. »Wir meinen, dass die Idee-des-Unendlichen-in-mir – oder meine Beziehung zu Gott – mir in der Konkretheit meiner Bezie-

hung zum andern Menschen zukommt, in der Sozialität, die meine Verantwortung für den Nächsten ist.«

Das Wort »Gott« verbindet Lévinas mit der Idee des Unendlichen. Die Idee des Unendlichen ist in uns angelegt. Sie stammt nicht aus dem Denken, denn das Denken ist ihm nicht gewachsen (wir können das veranschaulichen an der unendlichen Zahlenreihe, von der wir zwar wissen, mit der wir aber nicht rechnen können). Zwischen Endlichem und Unendlichem ist ein unüberbrückbarer Abstand. Im Unendlichen verliert sich unsere Freiheit in der unüberschaubaren Beliebigkeit des Möglichen.

Zugang zum Unendlichen kommt vom »Andern«, vom Mitmenschen. Ich werde ihm nur gerecht, wenn ich ihn in seiner Andersheit sehe. Seine Eigenschaften sind Konzepte von mir; solange ich ihn in seinen Eigenschaften sehe, ist er Objekt meiner Interessen und Projektionen. In seiner »Nacktheit« ist er mir absolute Verpflichtung. Wenn er in Not ist, gibt es nichts zu denken, ich schulde ihm Hilfe. Diese absolute ethische Forderung eröffnet mir die Unendlichkeit Gottes. »Dieselbe Bewegung, die zum Nächsten führt, führt zu Gott.«

Diese Aussagen enthalten auch eine bedeutende Kritik am Bewusstsein unserer Kultur: Der Mensch findet sich nicht selber, wenn er in Authentizität »sich selber verwirklicht«. Um zu seinem Eigentlichen zu finden, muss er seine Verantwortung für den Andern mit einbeziehen.

Gott ist anders

Wenn von Gott die Rede ist, muss heute anders geredet werden. Gott ist nicht das Endprodukt philosophischen Denkens, sondern, wenn schon, die Grundlage, auf der alles Denken aufbaut. Gott ist nicht ein existierendes Wesen, sondern, wenn schon, Sinnhintergrund alles Existierenden. Gott hat nicht die Welt geschaffen, wie man ein Gefäss herstellt, sondern ist das nicht Hinterfragbare hinter der Tatsache, dass wir sind.

Die oben dargestellten Philosophen decken nicht alles philosophische Denken unserer Zeit ab. Viele klammern die Gottesfrage aus. Philosophen deuten die Welt, und die Deutung ändert mit den Menschen und dem Fortgang der Zeit. Auch die Aussagen der Philosophie dürfen nicht fundamentalistisch als unverrückbar gesehen werden. Sie dispensieren uns nicht davor, die Frage nach Gott von unserem persönlichen Erfahren her aufzurollen.

3 Gott und die Naturwissenschaft

Gott hinter dem Urknall?

Früher schleuderte Gott Blitze, gewann Schlachten, heilte Kranke. Heute sind dafür die Elektrizität, die Waffenproduktion, die Medizin zuständig. Gott verbleiben ein paar Winkel der menschlichen Seele und einige bisher nicht erklärbare Naturphänomene. Die Wissenschaften haben Gott als Ursache der Welt abgelöst.

Die Kosmologie hat sich mit Hilfe riesiger Teleskope und theoretischer Berechnungen weit in das Weltall vorgearbeitet. Sie ist dem Urknall bis auf den Bruchteil einer Sekunde auf die Spur gekommen.[95] Doch was war vor dem Urknall? Die Frage ist nicht nur unlösbar, sie macht gar keinen Sinn: Da die Zeit mit dem Urknall erst begann, gab es kein »vor«. Das Rätsel bleibt.

Wissenschaft erklärt ein Phänomen durch ein anderes. Sie versucht, unter den Phänomenen Gesetzmässigkeiten zu finden und diese auf möglichst wenige Grundgesetze zurückzuführen. Ziel wäre eine »Weltformel«, die alles zusammenfassend erklären könnte. Doch selbst wenn diese Weltformel gefunden wäre, könnte nicht geklärt werden, warum diese Formel so ist und nicht anders. Letztlich bleibt die klassische Frage »Warum ist etwas und warum nicht nichts?« ungelöst.

Das alles beweist keinen Gott. Es zeigt aber die Grenze des Erklärbaren auf. Wir könnten sagen, es schaffe Raum für religiöse Aussagen über den Ursprung der Welt. Was mystisches Erleben aussagt, muss nicht mit den kosmologischen Theorien im Widerspruch stehen.

Die Naturwissenschaft sagt nichts über Gott

Die Naturwissenschaften sind deshalb so zuverlässig und präzise, weil sie ihre Methodik klar definieren. Sie beschränken sich methodisch auf das, was objektiv mit den Sinnesorganen und Geräten wahrgenommen werden kann. Alles andere wird ausgeklammert. Ob der forschende Mensch Zahnweh hat, verliebt ist oder mystische Erfahrungen hat, interessiert nicht. Das ist richtig so; nicht richtig ist, wenn er dann das methodisch Ausgeklammerte als unwirklich erklärt und das äusserlich Wahrnehmbare zur einzigen Wahrheit macht.

Die Naturwissenschaften sind ein wertvolles Werkzeug, um den Verlauf der Welt zu erkennen und zu steuern. Für Dinge, die mit Sinnesorganen oder Apparaten nicht erfasst werden können, sind sie erklärtermassen nicht zuständig. Wenn eine Naturwissenschaft über menschliche Werte oder eben über Gott spricht, begeht sie einen Methodenfehler.

Zwei Wege der Erkenntnis

Edmund Husserl hat schon Anfang des 20. Jahrhunderts darauf hingewiesen: »In unserer Lebensnot hat diese Wissenschaft uns nichts zu sagen. Gerade die Fragen schliesst sie prinzipiell aus, die für den in unseren unseligen Zeiten den schicksalsvollsten Umwälzungen preisgegebenen Menschen die brennenden sind: Die Frage nach Sinn oder Sinnlosigkeit dieses ganzen menschlichen Daseins.«[96]. Ludwig Wittgenstein sagt es ähnlich: »Wir fühlen, dass, selbst wenn alle möglichen wissenschaftlichen Fragen beantwortet sind, unsere Lebensfragen noch gar nicht berührt sind.«[97]

Offenbar gibt es zwei verschiedene Zugänge zur Welt: Die sachliche Betrachtung analysiert, zählt, misst, verarbeitet, benützt. Die mystische Betrachtung nimmt wahr, lässt wirken, lässt sich berühren, staunt. Die sachliche Betrachtung führt zu materiellem Nutzen, zu wissenschaftlicher Erkenntnis, zur Verbesserung von Methoden und Werkzeugen. Die mystische Wahrnehmung offenbart Werte, gibt uns Orientierung und seelische Wärme, ermöglicht Liebe und Menschlichkeit.

Die Naturwissenschaften führen an die Grenzen des Erkennbaren. Sie lehren das Staunen. Deshalb gibt es auch viele religiös empfindende Physiker und Kosmologen. Doch Staunen und spirituelle Ergriffenheit sind nicht Wissenschaft, sie sind Reaktion des forschenden Menschen auf das, was Wissenschaft entdeckt.

Gott und die Hirnforschung

Das Gottes-Gen sei gefunden, verkündet die Hirnforschung[98]. Es entscheide darüber, ob wir religiös sind oder nicht. Ein Helm, ausgerüstet mit der entsprechenden Elektronik, lasse die Versuchspersonen religiöse Erfahrungen erleben. Ist Gott also eine Illusion, ein Produkt der Hirnzellen?

Die Neurowissenschaft erklärt, wie Gotteserfahrung neurologisch funktioniert; sie sagt nicht, was sie ist. Sie kann beschreiben, was im Gehirn bei mystischer Erfahrung vor sich geht, nicht was der Mystiker oder die Mystikerin erlebt. Die Frage ist vergleichbar mit der Erforschung der Musik. Die Wissenschaft hat das »Musikzentrum« gefunden. Eine Mozartsonate kann mit Schallwellen und Hirnvorgängen beschrieben werden. Doch wer das alles studiert hat, hat von der Musik noch nichts begriffen. Genau so kann uns die Neurowissenschaft die religiöse Erfahrung und die Ergriffenheit, die sie in uns auslöst, in ihrem neuronalen Funktionieren beschreiben, nimmt ihnen aber dadurch nichts von ihrer Bedeutsamkeit.

4 Der erfahrbare Gott

Ich habe viele Diskussionen über Gott erlebt, über seine Existenz, seine Allmacht, seine Gerechtigkeit, seine Güte usw. Es hinterliess mir meist einen müden Kopf und bewegte wenig in meinem Erleben und Handeln. Ganz anders, wenn wir einander unsere Tiefenerfahrungen, unsere Erfahrungen mit »Gott« erzählten. Wir wurden warm, es bewegte uns, wir spürten den Appell in unser Leben. Ich will deshalb hier die Frage nach Gott von der Erfahrung her angehen.

Der Wasserfall

Auf einer Wanderung traf ich auf einen Wasserfall. Wasserfälle ergreifen mich. Nun stehe ich vor dem Wasserfall – und sehe nur herunterfallendes Wasser, mehr nicht. Was ist los? Es leuchtete mir blitzartig auf: Das Wunder der Welt sind nicht die Dinge selbst. Das Wunder ist auch nicht in mir. Es ist ein Funke, der springt, wenn ich mich ergreifen lasse. Ohne diese Fähigkeit, mich ergreifen zu lassen, bleibt der Wasserfall ein Geräusch, der Sonnenuntergang Strahlenbrechung, die Musik ein Schallereignis, das Gemälde ein Sammelobjekt, die Schönheit ein Lusterlebnis, die Liebe Begehrlichkeit, das Selbst ein zentrales Netzwerk in unserm Hirn.

Die Welt ist weder sinnvoll noch sinnlos, sie ist. Wenn aber der Funke springt, leuchtet etwas aus einer andern Dimension auf, das ich als Wunder erlebe.

Die andere Gewissheit

Als junger Mann suchte ich verzweifelt nach der Wahrheit, nach der Grundlage, auf der ich mein Leben aufbauen könnte. Ich las Buch um Buch, schrieb Heft um Heft. Bis ich plötzlich mitten auf der Strasse stehen blieb und wusste: So geht das nicht, so lässt sich Lebenssinn nicht begründen. Mit Wucht erfuhr ich ein Erkennen anderer Art: Eine Intelligenz in mir, die klüger, weiser ist als mein Denken. Eine Intelligenz, die mir den Weg weist, die, wenn ich achtsam bin, die Einseitigkeiten meiner Entwicklung korrigiert. Ihr kann ich vertrauen, sie kann Grundlage meiner Lebensführung sein.

Es geht letztlich nicht um objektivierbares Wissen. Das Leben gestaltet sich aus einer Gewissheit, die sich schenkt.

Inspiration

Beim Musizieren mache ich eine wichtige Erfahrung: Wenn ich die Musik »mache«, wenn ich gar jemand damit beeindrucken will, wird sie flach, künstlich, konstruiert. Damit wirklich Musik entsteht, muss ich mit meinem Denken und Wollen zurücktreten, es sich ereignen lassen. Dann geschieht Intuition; ich kann sie ergreifen und zu einem lebendigen Geschehen gestalten.

Im Zurückstellen der eigenen Ichbedürfnisse schenkt sich das, was mehr ist als das Produkt meines Wollens.

Meditation

Wenn ich meditiere, versuche ich, leer zu werden. Leer von Konzepten, von Emotionen, von Bedürfnissen. Es entsteht Raum für Neues, Unbekanntes. Ruhe, Wärme breitet sich aus. Die Sicht wird klarer, es zeigt sich, was stimmig ist. Es eröffnet sich ein umfassenderes Verständnis des Lebens, der Welt.

In allen Kulturen gibt es die Bezeugung, dass Leere auf einer anderen Ebene Fülle ist, dass im Verlassen der alltäglichen Absicherungen tiefe Geborgenheit entstehen kann.

Begegnung

Viele Begegnungen dienen einem Zweck. Ich will etwas vom Mitmenschen. Ich will ihn gewinnen, überzeugen, etwas von ihm bekommen. Wirkliche Begegnung geschieht anders: Wir kommen zusammen, absichtslos, ohne Ansprüche. Wir sind da, wir öffnen uns füreinander, wir lassen es im Hin und Her des Dialogs geschehen. Das Gespräch entwickelt sich, wächst, schenkt sich.

Mitmenschlichkeit ereignet sich, wenn ich das Geheimnis des Gegenübers respektiere und wirken lasse[99].

Sinn im Unsinn

Wichtige Erfahrungen ereignen sich oft in Grenzsituationen. Ich bin in höchster Verzweiflung und finde unerwartet Frieden. Ich drohe zu zerbrechen an den unerbittlichen Gegensätzen in dieser Welt und erfahre Gelassenheit. Ich komme auf den Grund meiner Unzulänglichkeit und erfahre Versöhnung. Die Gerüste, auf denen ich mich eingerichtet habe, brechen ein, und ich bin getragen.

Das Leid zerbricht mein begrenztes Denken, Planen und Wollen; ich erfahre meine Armut und bin fähig, das Unerwartete aufzunehmen.

Die Tiefe des Seins

Paul Tillich fasst solche Erfahrungen eindrücklich zusammen:

>»Der Name dieser unendlichen Tiefe und dieses unerschöpflichen Grundes allen Seins ist Gott. Jene Tiefe ist es, die mit dem Wort Gott gemeint ist. Und wenn das Wort für euch nicht viel Bedeutung besitzt, so übersetzt es und sprecht von der Tiefe in eurem Leben, vom Ursprung eures Seins, von dem, was euch unbedingt angeht, von dem, was ihr ohne irgendeinen Vorbehalt ernst nehmt. Wenn ihr das tut, werdet ihr vielleicht einiges, was ihr über Gott gelernt habt, vergessen müssen, vielleicht sogar das Wort selbst. Denn wenn ihr erkannt habt, dass Gott Tiefe bedeutet, so wisst ihr viel von ihm. Ihr könnt euch dann nicht mehr Atheisten oder Ungläubige

nennen, denn ihr könnt nicht mehr denken oder sagen: Das Leben hat keine Tiefe, das Leben ist seicht, das Sein selbst ist nur Oberfläche. Nur wenn ihr das in voller Ernsthaftigkeit sagen könnt, wäret ihr Atheisten, sonst seid ihr es nicht. Wer um die Tiefe weiss, weiss auch um Gott.«[100]

5 Existiert nun Gott?

Gott ist nicht Gegenstand einer Erfahrung

Das alles zeigt, auf wie viele Weisen »Gott« angegangen werden kann. Viele weitere Zugänge könnten aufgeführt werden, andere Deutungen der Welt wären denkbar. Etwas Gemeinsames scheint sich abzuzeichnen: Hinter dem Alltäglich-Gegenständlichen, hinter allem, was gedacht, geplant, gemacht werden kann, gibt es das Geheimnis, das nicht Auflösbare. Dem Menschen, der achtsam durch die Welt geht, ist es in Ansätzen erfahrbar.

Doch ist das Erfahrene Gott? Entspricht es dem, was die Religionen unter diesem Namen verstanden haben? Haben wir in diesen Erfahrungen wirklich Gott erfahren?

Nein, wir erfahren nicht Gott. Gott ist nicht Gegenstand einer Erfahrung. Die Erfahrung ist nicht Festhalten eines nun erkannten Gottes, sondern Spur des Göttlichen, die mich zu weiterem Begegnen einlädt. Im Erleben der Ganzheit, der Sinnhaftigkeit, der Erfüllung, in der Atmosphäre des Heiligen tritt er uns ungegenständlich, aber bedeutungsvoll entgegen.

Wo bleibt der Schöpfer der Welt?

Die religiösen Traditionen haben Gott als den Schöpfer

der Welt verstanden. Geht das in der oben geschilderten Sichtweise nicht völlig verloren?

Einen Gott, der ein Seiendes ausserhalb des Weltalls oder gar ein Bestandteil unserer Welt ist, gibt es nicht. »Wenn man in der Welt nach einem Gegenstand mit Eigenschaften sucht, wird man ihn nicht finden. Gott ist kein Gegenstand der Welt, sondern Bedingung dafür, dass die Welt existiert«, schreibt der Theologe Gerd Theissen[101]. Und Dietrich Bonhoeffer fasst zusammen: »Einen Gott, den es gibt, gibt es nicht.«[102]

Für die Entstehung der Welt ist die Kosmologie zuständig. Das nicht aufzulösende Geheimnis hinter den Erkenntnissen der Kosmologie können wir Gott nennen. Das Wort »Schöpfer« will ebenfalls darauf hinweisen. Der Glaube an den Schöpfer ist keine Aussage, wie die Welt entstanden ist, sondern Anerkennung des Geheimnisses, das dahinter steht. Da das Wort »Schöpfer« für den Menschen unserer Zeit eher auf eine verdinglichte Auffassung von Gott und der Entstehung der Welt hinleitet, ist es wohl besser, es zu vermeiden.

Eine existentielle Frage

Aus all dem wird auch deutlich: In der Frage nach Gott geht es nicht um theoretisches Wissen. Es geht um Hingabe an das Begegnende. Die Frage ist nicht: Existiert Gott? Die Frage muss existentiell gestellt werden: Beschränke ich mich in meinem Denken und Handeln auf die Welt des Faktischen oder orientiere ich mich an Sinn und Bedeutung? Lasse ich das grosse Geheimnis des Seins offen und lebe in der Bereitschaft, mich immer wieder überraschen und ergreifen zu lassen, oder richte ich mich ein im Bestreben, die Welt mit Intelligenz, Wissenschaft und Technik im Griff zu haben? Begegne ich dem, was mir das Leben bringt, mit Achtung und Aufmerksamkeit, oder gehe ich zerstreut und konsumierend über das Begegnende hinweg? Wenn Unangenehmes auf mich zukommt, weiche ich dann aus, oder bin ich bereit, mich ihm zu stellen? Kurz gesagt: Bin ich mit meinen Bedürfnissen mir letztes Ziel, oder lebe ich auf ein Grösseres hin?

6 Die Frage nach der Gerechtigkeit

Die Frage nach der Gerechtigkeit war immer und überall da, wo man von Gott sprach. Wenn Gott gerecht ist, woher dann das viele Unrecht? Wie ist es zu erklären, dass der »Gerechte« leidet und es dem »Sünder« gut geht? In den verschiedenen Entstehungszeiten der biblischen Texte entwickelten sich verschiedene Antworten:

Ursprünglich ging man in Israel von der Annahme aus, dass Gott den Gerechten belohnt und den Sünder bestraft. Dass dies offensichtlich nicht so war, brauchte eine Erklärung. Sie lautete schliesslich: Wer leidet, hat gesündigt. Wenn Gott gerecht war, konnte nur der sündige Mensch bestraft werden.

Hiob machte diesem Denken einen Strich durch die Rechnung. Als er litt, beharrte er auf seiner Unschuld. Die Rahmenerzählung in der Bibel selber endet zwar mit einem Trost: Hiob wird entschädigt. In der Auseinandersetzung mit Gott bekommt er aber eine andere Antwort: »Wer ist es, der den Ratschluss verdunkelt mit Gerede ohne Einsicht?« Und Jahwe unterstreicht seine gewaltige Macht im Walten der Natur, bis Hiob antwortet: »Ich habe erkannt, dass du alles vermagst [...]. Darum widerrufe ich und atme auf, in Staub und Asche« (Hiob 38,2 und 42,1-6). Es gibt keine erkennbare Gerechtigkeit, die Lösung ist ehrfürchtiges Verstummen.

In den letzten Jahrhunderten vor Christus kam in Israel, wohl im Anschluss an Konzepte umliegender Völker, eine andere Erklärung auf: Die Gerechtigkeit würde in einem Jenseits eintreffen. Gott muss gerecht sein; in dieser Welt ist er es offensichtlich nicht, also muss es Vergeltung im Jenseits geben.

Jesus distanzierte sich grundsätzlich von dieser Art Gerechtigkeit. Nicht dass er das Jenseits abgestritten hätte. Aber die Einteilung in Gute und Böse lehnte er ab. Es ist nicht so, dass die Guten belohnt und die Bösen bestraft werden. Gott ist ein Gott der Liebe, der auch für die »Ungerechten« ein guter Vater ist.

Der grausame Tod Jesu war ein erneuter Schock für das Verlangen nach Gerechtigkeit. Jesus war ein Gerechter und wurde grausam hingerichtet. Wieder griff man zur Idee einer Entschädigung im Jenseits: Jesus ist auferstanden und hat so schliesslich gesiegt. Das ist aber ein Rückgriff auf ein altes Konzept. Das Christentum hätte so nichts Neues gebracht. Das Neue im Christentum heisst: Es gibt keine Gerechtigkeit, doch es gibt ein sinnerfülltes Leben in einer ungerechten Welt. Dafür sind das Leben und der Tod Jesu Symbol.

7 Maria – das Weibliche in Gott

Wie Christus kommt auch Gott sehr männlich daher. Feministische Theologinnen machen schon lange darauf aufmerksam[103]. Man wollte wenigstens den Heiligen Geist, der auf Hebräisch »ruah« heisst und ein weibliches Wort ist, weiblich haben. Vielerorts wird denn auch schon Gott nicht nur als Vater, sondern auch als Mutter angesprochen.

Das Thema kommt vor allem auch in der Tatsache zum Ausdruck, dass schon früh die Marienverehrung einen grossen Stellenwert bekam. Die Christenheit hat, ohne viel theologisches und psychologisches Nachdenken, gespürt, dass ihr Gott allzu männlich daher kam, und hat ihn durch ein weibliches Gegenstück ergänzt. Noch bis in die Mitte des 20. Jahrhunderts hatte in der katholischen Kirche der Marienkult ein derartiges emotionales Gewicht, dass er oft die Christusverehrung überdeckte.

Maria im Neuen Testament

Maria, die Mutter Jesu, kommt in der Kindheitsgeschichte bei Matthäus und Lukas vor. Besonders Lukas schildert ihre Bedeutung ausführlich. Er feiert sie, vor allem im »Magnifikat« (Lukas 1,46-55), als die bescheidene junge Frau, die zu Grossem erwählt ist. Dies entspricht einem seiner Hauptanliegen: Gott erhebt die Armen, die Ausgestossenen, die Unscheinbaren. Maria wird zum Vorbild des empfangenden, ja sagenden Menschen. Auch im Johannesevangelium kommt sie vor: Sie regt an der Hochzeit in Kana (Johannes 2,1-11) die Verwandlung des Wassers in Wein an; später erscheint sie wieder unter dem Kreuz (Johannes 19,25-27). Die andern Schriften des Neuen Testaments erwähnen Maria nicht. Es gibt im Neuen Testament keine Anzeichen von Marienverehrung.

Maria in der Theologie

Gottesmutter

In den Evangelien wird Maria noch als »Mutter Jesu« bezeichnet, nie als »Mutter Gottes«. Erst im Konzil von Ephesus (431) wurde die Gottesmutterschaft festgelegt; der theologische Ausdruck dafür war Gottesgebärerin. Als Argument wurde vorgebracht: Wenn Jesus zugleich Mensch und Gott ist, musste Maria auch Gott geboren haben.

Jungfrauengeburt

Die Lehre von der Jungfrauengeburt steht schon im Matthäusevangelium (1,18). Daraus verbreitete sich bald die Ansicht, dass Maria vor, während und nach der Geburt Jungfrau war und blieb. Gemeint war allerdings weniger der Verzicht auf Sexualität, wie das in leibfeindlichen Strömungen bald gedeutet wurde, sondern das Setzen eines neuen Abschnitts in der Geschichte: Matthäus hatte soeben den Stammbaum von Adam bis Josef dargestellt; nun wollte er zeigen, dass dieser nicht einfach weitergeht, sondern dass mit Jesus ein neues, vom Geist Gottes inspiriertes Kapitel beginnt.

Unbefleckte Empfängnis

Im Lauf der Jahrhunderte entwickelte sich auch die Lehre, dass Maria nicht nur Jesus jungfräulich geboren hat, sondern selber bei ihrer Geburt ohne »Erbsünde« geboren wurde. Gott habe Maria vor jedem Makel der Erbsünde bewahrt, weil sie die Mutter Gottes werden sollte. Papst Pius IX. verkündete 1854 die »Unbefleckte Empfängnis« als unfehlbare Lehre.

Aufnahme in den Himmel

In ähnlichem Sinn entwickelte sich die Auffassung, dass Maria nicht gestorben ist, sondern mit Leib und Seele in den Himmel aufgenommen wurde. Man spricht von Maria Himmelfahrt. Als Dogma wurde diese Vorstellung 1950 von Papst Pius XII. formuliert, zum Erstaunen der aufgeklärten Welt. C.G. Jung[104] sah darin das grösste religiöse Ereignis seit der Reformation: Endlich sei auch das Weibliche in die Gottheit aufgenommen[105].

Maria in der Volksreligion

Der Marienkult erfreute sich bis vor wenigen Jahrzehnten grösster Beliebtheit. Rosenkranzgebet, Prozessionen, spezielle Festtage, innige Kirchenlieder, Darstellungen in der Kunst (Himmelskönigin mit Kind, Pietà) und in der Musik (Magnifikat, Stabat Mater) nahmen einen grossen Platz im Leben der katholischen Kirche ein. Die vielen Marienerscheinungen vor allem im 19. Jahrhundert lockten grosse Pilgerzüge an die Orte der Verehrung (La Salette, Lourdes, Fatima[106]). Maria wurde verehrt als Mittlerin zwischen Jesus und den Menschen. Selbst der Titel einer Miterlöserin wurde ihr zugesprochen[107]. In den protestantischen Kirchen wurde das meiste davon als nicht biblisch begründet abgelehnt; in der Zwischenzeit scheint das Interesse an der Marienfigur zu wachsen.

Das »Ewig Weibliche«

Als Abschluss des klösterlichen Tageslaufs wird in vielen Klöstern das »Salve Regina«[108] gesungen, eine Art mönchische Ode an die Himmelskönigin: »Sei gegrüsst, o Königin, Mutter der Barmherzigkeit, unser Leben, unsere Wonne und unsere Hoffnung, sei gegrüsst! Zu dir rufen wir verbannte Kinder Evas; zu dir seufzen wir trauernd und weinend in diesem Tal der Tränen. Wohlan denn, unsere Fürsprecherin, wende deine barmherzigen Augen uns zu, und nach diesem Elend zeige uns Jesus, die gebenedeite Frucht deines Leibes. O gütige, o milde, o süsse Jungfrau Maria.«[109]

Hier klingt alles mit: Die alles Leid umfassende Mütterlichkeit mit ihrer Fürsorge, Geborgenheit und Wärme; Faszination der Schönheit und erotische Sehnsucht; die überzeitliche Kraft des »Ewig Weiblichen«. Es ist hier nachvollziehbar, dass Maria neben dem männlichen Gott ihren Platz erwarb.

In der katholischen Kirche ist der Marienkult seit dem 2. Vatikanischen Konzil stark in den Hintergrund getreten. Wenn wir aber Wege finden können, den Christus-Mythos weiterzuführen, ist nicht einsichtig, warum dem Marien-Mythos die Berechtigung abgesprochen werden soll. Der weibliche Aspekt des Göttlichen, die empfangende Haltung des religiösen Menschen, das mütterliche Element, das lukanische Thema von der Erhöhung der Niedrigen – all das sind Elemente christlichen Denkens und Handelns.

Was können wir festhalten?

- Die Vorstellung, dass ein göttliches Wesen mit bestimmten Eigenschaften gegenständlich »existiert«, entstammt dem mythischen Denken und kann nur noch als Metapher verstanden werden. »Den Gott, den es gibt, gibt es nicht.«

- In aller Welterklärung bleibt Raum für das Geheimnis, für das Unsagbare. Selbst wenn eine »Weltformel« gefunden wäre, bliebe die Frage, warum sie ist und warum sie so ist, wie sie ist.

- Es gibt die Erfahrung der Tiefe, des Sinns in einer sinnfreien Welt. Es gibt den Wasserfall im herunterfallenden Wasser, den Sonnenaufgang in der Strahlenbrechung, die Musik in den Schallwellen. Und es gibt die grosse mystische Erfahrung der Transzendenz. Wir können das Gemeinsame dieser Phänomene mit dem Wort »Gott« benennen.

- Das Wort »Gott« weiterhin zu gebrauchen, birgt die Gefahr in sich, dass überholte Vorstellungen mitschwingen und einem erneuerten Verständnis entgegenstehen. Andererseits kann das Wort der historischen Kontinuität dienen. In alten Texten, in Musik und Poesie wird es weiterhin auf das Geheimnis der Welt verweisen.

- Die Frage der Männlichkeit Gottes relativiert sich, wenn wir Gott nicht mehr als Person sehen. Sie wirkt aber weiter, als bildhafte Vorstellung in unserm Unbewussten und in kirchlicher Diskriminierung der Frauen.

- Gott zu personalisieren, ihm als Du zu begegnen, entspricht der Tatsache, dass wir personale Wesen sind und die personale Sprache die menschlichste ist, die uns zur Verfügung steht. Es muss uns aber immer bewusst sein, dass eine solche Anrede eine symbolische Sprache spricht.

4. Kapitel:

Christliche Lebensführung

Blicken wir zurück auf die bisherigen Betrachtungen. Das erste Kapitel beleuchtete die Geschichte des Christentums. Es schilderte, wie die Botschaft Jesu im Lauf der Jahrhunderte verzerrt wurde, aber auch, wie unzählige Menschen sie in Liebe und Hingabe umgesetzt haben. Im zweiten Kapitel ging es um den Propheten Jesus von Nazareth und seine wichtigsten Anliegen. Es wurde klar, dass »Christus« nicht auf den ursprünglichen hellenistischen Christus-Mythos festgelegt sein muss. Die Christusfigur zeigte sich als eine geistige Grösse, ein Bild wirklichen Menschseins, das immer neu verwirklicht sein will. Im dritten Kapitel wurde das Wort »Gott« gedeutet als das nicht hinterfragbare Geheimnis der Welt und als das, was dem Leben Wert und Bedeutung gibt.

Nun stellt sich die Frage, wie sich das alles im Alltag eines Menschen auswirken wird. Was bedeutet christlicher Glaube? Wie unterscheidet sich eine christliche Liebesethik von Moral? Wie ist Beten zu einem »nicht existierenden Gott« möglich? Wohin führt die Bereitschaft, die Christusfigur im eigenen Leben zu verwirklichen? Welche Bedeutung haben Jenseitsvorstellungen für die Gestaltung des Alltags? Nur wenn diese praktischen Fragen geklärt sind, kann Wert oder Unwert des Christentums für den heutigen Menschen überhaupt beurteilt werden.

1 Aus der Gotteserfahrung leben

»Armut im Geiste«

Die erste »Seligpreisung« der Bergpredigt lautet: »Selig die Armen im Geiste, denn ihrer ist das Himmelreich.«

(Matthäus 5,3) Die Einheitsbibel übersetzt sinngerecht: »Selig die vor Gott Armen.«

Arm sein vor Gott heisst, absteigen zu dem, was wir sind. Abbau unserer Illusionen über uns selber. Aufhören, unsere Mängel mit Selbstrechtfertigungen zu überdecken. Verzichten auf Verteidigungsstrategien, wenn andere uns auf Schwächen aufmerksam machen. Unsern Bedürfnissen nicht oberste Priorität einräumen.

Das mag lebensfeindlich klingen. Das Gegenteil trifft aber zu. Es lebt sich nirgends besser als auf dem Boden der eigenen Wirklichkeit. Wer den »Reichtum« seiner sich aufdrängenden Gedanken und Wünsche zurückstellt, schafft Raum für Grösseres. Mystikerinnen und Mystiker sprechen davon.

»Vor Gott arm sein« muss abgegrenzt werden gegen unangemessene Selbsterniedrigung. Armut steht nicht im Gegensatz zu Menschenwürde und Lebensfreude. Nicht der geknickte, sondern der aufrechte Mensch findet zur Hingabe, anerkennt, dass es Grösseres gibt als ihn selbst, interpretiert sein Leben als Dienst.

Frei sein vom Ich

Wenn ich auf Gott (im oben dargestellten Sinn) ausgerichtet bin, den Unverfügbaren, den alles Konkrete Übersteigenden, hat das Konkrete – Geld, Macht, Verliebtheit, Konsum, Vergnügen – nur noch zweitrangige Bedeutung. Es behält zwar seinen Wert, es macht Freude, es dient der Gestaltung des Alltags und der gesellschaftlichen Ordnung, aber es ist nicht letztlich entscheidend. In diesem Sinn ist Gott ein Garant der Unverfügbarkeit des Menschen. Er ermöglicht eine Ethik in Freiheit.

Frei werden von Dingen ist eines, frei sein von sich selber ein Zweites. Meist nehmen wir es nicht wahr, wie wir von unsern Bedürfnissen bestimmt werden. Von Bedürfnissen getrieben zu sein, sich ständig um sein Ansehen zu bemühen, in der Angst zu leben, vom Thron der Selbstaufwertung heruntergestossen zu werden, das alles ist eine beschwerliche Last. Seine Energien auf das Reich Gottes richten zu können, entlässt aus dieser Belastung. Wir sind offen für das, was fällig ist.

Offen für die Erfahrung der Tiefe

Mehr Menschen als wir vermuten haben spirituelle Erfahrung, Momente grosser Ergriffenheit. Viele beachten sie nicht; andere haben sie vergessen. Oft schämt man sich, darüber zu reden, man interpretiert es sogar als krankhaft. Weil wir in unserer Kultur die Sprache dafür verloren haben, ist es schwer mitteilbar, und worüber man nicht reden kann, muss doch, so denkt man, etwas nicht stimmen. Es kann hilfreich sein, Momente der Ergriffenheit aufzuschreiben, um sich später wieder an ihnen zu orientieren.

Wichtiger als diese Wiederbelebung vergangener Erfahrungen ist allerdings die Aufmerksamkeit auf das, was uns hier und jetzt begegnet. Mystikerinnen und Mystiker warnen sogar davor, sich zu lange in wohltuenden Erinnerungen aufzuhalten; es könnte die Offenheit vermindern für das, was hier und jetzt geschieht.

Es kann sein, dass wir über lange Zeit keine Erfahrung des Göttlichen haben. Johannes vom Kreuz, der grosse spanische Mystiker, erlebte das über lange Jahre. Dann geht es um Treue: Ich erlebe zwar nichts, was mir

Tiefe und Sinn vermitteln könnte, aber ich weiss, dass es nicht verloren ist, und ich halte durch.

Schönheit

Ich kann der Welt auf zwei Arten begegnen: Ich kann sie rational erklären, sie auf ihre Mechanik (eventuell Quantenmechanik) reduzieren, auf ihre Brauchbarkeit überprüfen. Oder ich kann das Urgeheimnis, das darin aufleuchtet, auf mich wirken lassen. Das Erste sind wir gewohnt; es entspricht unserer berechnenden und technisch funktionierenden Welt. Das Zweite ist Begegnung mit Gott, wie wir ihn im vorausgehenden Kapitel verstanden haben.

Wenn ich aus der Dumpfheit erwache, wird die Welt farbig. Wenn das Denken in den Hintergrund tritt, öffnet sich Ergriffenheit. Wenn die Begehrlichkeit aufhört, strahlt die Schönheit des Andern. Wenn die Musiktheorie aufhört, erklingt Musik. Wenn die Prosa still wird, erwacht die Poesie. Wenn der Zeitdruck fehlt, leuchtet der Augenblick. Oder wie Eckhart sagt: »Wenn ich aus mir ausgehe, geht Gott in mich ein.«

Glauben ist mehr als Wissen

Abraham wird im Neuen Testament als Urbild echten Glaubens dargestellt (Römer 4,1-5). Er vernahm den Anruf, aus seiner Sicherheit auszuziehen in eine ungewisse Zukunft. Er glaubte und brach auf (Genesis 12,1-4). Glauben hiess für ihn, den Anruf zu hören und im Sinn dieses Anrufs zu handeln[110]. Auch der Jesus des Markusevangeliums versteht Glauben so: »Dein Glaube hat dir geholfen«, sagt er zum Geheilten (10,52). Nicht weil der Geheilte religiöse Dogmen für wahr gehalten hätte, sondern weil er vertrauensvoll auf ihn zugegangen war. »Alles kann, wer glaubt«, heisst es im gleichen Evangelium (9,23). Wieder ist Glauben verstanden als unerschütterliches Vertrauen.

Das Lehramt der katholischen Kirche hat eine Fülle von Wahrheiten formuliert, die zu »glauben« sind. Auch die reformatorischen Kirchen haben ihre Glaubensbekenntnisse[111]. Sie theoretisch zu bejahen, ist nicht Glaube im biblischen Sinn. »Ich glaube, dass es Gott gibt« ist unverbindlich; verbindlich ist, das Leben auf ihn auszurichten. »Ich glaube, dass Jesus auferstanden ist«, bewegt nichts im Leben. Lebendiger Glaube an die Auferstehung bedeutet, ja zu sagen zu dem, was das Leben bringt. Glauben hat immer mit Vertrauen und Engagement zu tun.

Glaubensgewissheit

Die Bibel, die Tradition, die kulturelle Überlieferung können zwar Hinführung zum Glauben sein, können aber für sich allein keine Glaubensgewissheit begründen. Es kann ein bedeutender Hinweis sein, wenn ich sehe, dass meine Kultur vom Christentum geprägt ist, dass viele Menschen in der Geschichte des Christentums den Glauben überzeugend gelebt haben oder dass vertrauenswürdige Menschen in meinem Bekanntenkreis ihre Überzeugung glaubwürdig vertreten. Doch der Glaube wird erst tragfähig, wenn eigenes Erleben ihn bestätigt.

Menschen kommen auf sehr verschiedenen Wegen zur Glaubensgewissheit. In der Regel wird sich der Glaube allmählich entwickeln. Anfangs ist er vielleicht noch kindlich oder zaghaft. Um ihn herum kristallisieren sich dann immer weitere Erfahrungen, vernetzen und verdichten sich, bis der Glaube trägt. Gelegentlich schenkt sich aber diese Gewissheit auch als unerwarteter Einbruch in den Lebensalltag. So erzählt Paul Claudel, ein französischer Dichter, von einem Erlebnis, das er mit 20 Jahren in der Kathedrale Notre-Dame in Paris hatte; es löste in ihm eine Gewissheit aus, die bis in sein hohes Alter nie dem geringsten Zweifel ausgesetzt war[112].

2 Von der Moral zu einer Ethik der Liebe

Die Frage nach der Ethik

Was veranlasst uns Menschen, gut zu sein? Wir wissen es, die Guten werden umgebracht. Menschen, die für den Geist Christi gegen die machtorientierte Kirche einstanden, wurden verbrannt. Die Mutter, die sich schützend vor ihr Kind stellt, wird vergewaltigt. Das Prinzip der Welt ist »Fressen und gefressen werden«. Die Moral der Welt ist: Der Starke gewinnt.

Woher kommt die Liebe, das Mitgefühl, der Impuls zur Nothilfe? Warum holt ein Mensch ein fremdes Kind aus dem brennenden Haus? Und: Woher kommt unsere Entrüstung, wenn Menschen unmoralisch handeln, wenn Manager sich masslos bereichern, wenn Politiker den eigenen Vorteil suchen, wenn Verbrecher Menschen töten? Was motiviert uns dazu, wenn wir nicht mehr von einem richtenden Gott ausgehen? Wenn es keine überweltliche Instanz mehr gibt, die sagt, was wir zu tun haben? Wenn Gott keine Person ist, die gelobt oder beleidigt werden kann? Wenn er nicht mehr der grosse Fordernde ist? Gibt es Ethik ohne personalen Gott?

Mehr als ein Gebot

»Du sollst Gott lieben mit ganzem Herzen und ganzer Seele, mit all deinen Gedanken und all deiner Kraft« (Markus 12,30). So formuliert der biblische Jesus, in Anlehnung an das Alte Testament (Deuteronomium 6,4), das »grösste Gebot«.

»Gebot« darf nicht als moralische Forderung verstanden werden. Schon die »Zehn Gebote« sind nicht als eine Sammlung von Geboten und Verboten zu verstehen. Es heisst dort: »Ich bin Jahwe, dein Gott, der dich aus Ägypten geführt hat, aus dem Sklavenhaus. Du sollst neben mir keine anderen Götter haben« … (Exodus 20,1 ff.). Die Verbform »du sollst« ist im Hebräischen nicht zu unterscheiden von »du wirst«. Eine sinnvolle Interpretation kann deshalb lauten: »Du hast mich als rettenden Gott erfahren und darum wirst du dich aus Freude und Dankbarkeit so und so verhalten.« Das Handeln fliesst in Freiheit aus dem Erlebten hervor.

Das moralische »du sollst« löst lähmenden Druck aus. Und bei jenen, die dem Druck standhalten, führt es zu Selbstgerechtigkeit. Liebe aber ist eine Einstellung, die nicht befohlen und mit dem Willen durchgesetzt wird. Ich bin keinem richtenden Gott Rechenschaft schuldig, aber ich bin zur Liebe eingeladen, zum freien Ja, um dem Geschenk des Lebens gerecht zu werden[113].

Jedes »ich sollte« oder »ich muss« verliert in der christlichen Ethik seine unbedingte Geltung. Grundlage der Ethik ist die Erfahrung des Göttlichen. In dieser Erfahrung finde ich Freiheit, Offenheit für die Schönheit der Welt, Bereitschaft, die Anforderungen des Lebens auf mich zu nehmen, und eine nicht auf eigenen Vorteil bedachte Liebe zum begegnenden Menschen.

»Mit ganzem Herzen«

Wir sollen Gott lieben »mit ganzem Herzen und ganzer Seele, mit all unsern Gedanken und all unserer Kraft«. Wir denken da gleich an Überschwang, an die Liebesaufwallungen vieler Mystikerinnen und Mystiker. Doch es geht nicht primär um Gefühle. Es geht um Anerkennung Gottes als höchsten Wert. Um das Verkaufen aller Habe, um den »Schatz im Acker« zu finden (Matthäus 13,44-46). Letztlich bedeutet es: Lass deine Liebe nicht an Begrenztem haften, mach nichts zu diesem umfassenden, letztgültigen Wert.

Liebe in diesem Sinn ist das Kriterium echten Glaubens. Im ersten Korintherbrief heisst es, dass jede moralische Anstrengung zu nichts taugt ohne Liebe.[114] Augustinus formuliert es prägnant: »Liebe, und dann tu, was du willst.«[115]

Nächstenliebe

»Das zweite ist diesem gleich: Du sollst den Nächsten lieben wie dich selbst.« (Markus 12,31) Jesus verknüpft Gottes- und Nächstenliebe als gleichwertige Grössen.

Der Mitmensch ist mir unmittelbar gegeben. Emmanuel Lévinas, von dem schon die Rede war, wird nicht müde zu schreiben, der Anruf des Mitmenschen komme vor jeder Philosophie, vor jedem Denken. Wenn der andere in Not ist, philosophiere ich nicht, sondern greife zu. Nicht weil er diese oder jene Eigenschaften hat, nicht weil er mir gefällt – da käme ich ja nicht über mein Eigeninteresse hinaus – , sondern einfach weil er mein

Mitmensch ist. Hier gründet letztlich auch die Feindesliebe – auch der Feind ist mir als Anruf gegeben.

Ethik lässt sich nicht logisch begründen. Es gibt keinen logischen Grund, ethisch zu leben. Es gibt ganz einfach den Impuls, ethisch zu handeln. Sobald ich mich von meinen Bedürfnissen, meinen Privatinteressen, meinem Geltungs- und Machtwillen frei gemacht habe und achtsam bin, kann ich intuitiv erfassen, was in der konkreten Situation richtig ist, was hier und jetzt zu tun ist.«[116]

Als das Alte Testament die Nächstenliebe einführte, bezog sich diese auf die Menschen des eigenen Volks. Inzwischen ist unsere Welt universal geworden. Der Begriff des Nächsten kann nicht mehr eingeschränkt werden. Er fordert die Ausweitung auch auf die Fremden im Land, die Geldgierigen in der Bank, die USA-Weltpolizisten, die Notleidenden in der Sahelzone, die Kämpfer in den Kriegen. Auch Menschen, die uns nicht gefallen, können in ihren Hintergründen verstanden werden. In jedem schlägt ein Herz, verhärtet, verängstigt, verzweifelt vielleicht; das Hoffende darin zu entdecken, ist die Chance der Liebe.

Ethik weitet sich heute auch aus auf die Natur, auf alle Lebewesen. Wir wissen, wie sehr wir mit ihnen verbunden sind. Die Erde, die Tiere und Pflanzen sind mit Dringlichkeit unsere Nächsten geworden.

Politisch handeln

Mahatma Gandhi wird der Satz zugeschrieben: »Wer heute die Menschen liebt, muss politisch sein.« Ein liebender Mensch, der keine Aufmerksamkeit für die ungerechten Strukturen und unmenschlichen Vorgänge in der Welt aufbringt, ist schwer vorstellbar. Fragen und Probleme rund um Eigentum, Finanzwirtschaft, Sozialstaat, Entwicklungspolitik, Abtreibung, Sexualstrafrecht und anderes mehr betreffen konkrete Menschen, meist stärker und dauerhafter als eine aktuelle Not.

Handeln im privaten Bereich hat in einer globalisierten Welt politische Bedeutung. Das Geschäft, bei dem ich Kleider kaufe, entscheidet über Arbeitsbedingungen in Asien. Die Grenze zwischen Liebe und Politik verwischt sich.

Dorothy Day schrieb, zwei Mächte würden uns bedrohen: Geld und Gewalt. Vom Evangelium seien zwei Mittel dagegen vorgesehen: Armut und Pazifismus. Wenn das Lukasevangelium die Armut preist (6,20), so meint es nicht wie Matthäus das Arm-Sein vor Gott, sondern die materielle Armut. Heute würden wir von Konsumverzicht und von Teilen sprechen. Pazifismus vertreten wir, wenn wir aufhören, das Böse in uns auf andere zu projizieren, wenn wir Menschen verstehen statt verurteilen, wenn wir uns aktiv bewusst werden, dass Krieg heute kein Mittel der Politik mehr sein kann.

Liebe heilt

Liebe vereint Gegensätze. Sie ist die Lösung, welche die Kluft der »Ursünde« überbrückt. Ihre Eigenart ist es geradezu, auf das andere, das Getrennte zuzugehen, die Differenz stehen zu lassen und Brücken zu bauen. Wenn »Sünde« mangelnde Bereitschaft ist, über diese verbindende Brücke zu gehen, so ist Liebe der Mut, die Schritte zu tun.

Liebe ist imstande, Unrecht und Leiden zu überwinden. Menschen, die das erfahrene Leid teilen, tragen es leichter. Die »Ursünde«, das Ausgestreckt-Sein des

Menschen zwischen Gut und Böse, bleibt zwar bestehen. Doch wirkt ein Leben in Liebe heilend in einer gespaltenen Welt.

3 Beten – oder lieber schweigen?

Beten zu einem Gott, den es nicht gibt?

Beten im üblichen Sinn richtet sich an einen personalen Gott. Beten heisst ja »zu Gott sprechen«. Ich bitte, ich danke, ich lobe. Wie gestaltet sich Beten, wenn ich mir Gott nicht als ansprechbare Person vorstelle?

Jede Sprache ist für Gott unangemessen. Die alltägliche, rational orientierte Sprache verleitet dazu, Gott gegenständlich zu denken. Bildhafte Sprache kann uns vergessen lassen, dass Gott jenseits aller Vorstellungen ist. Personale Sprache lässt einen menschenförmigen Gott aufkommen. Bleibt da nur Schweigen?

Zweierlei Sprachen

Schweigen ist eine wertvolle Art zu beten. Menschen, die Mühe haben, personal zu einem nichtpersonalen Gott zu sprechen, werden eine Sprache des Schweigens entwickeln. Statt zu sagen »Ich danke dir«, lassen sie Dankbarkeit aufkommen. Statt zu loben, geben sie dem Staunen Raum. Statt zu bitten, stehen sie zu ihrer Not. Statt um Vergebung zu bitten, werden sie sich ihrer Schuld bewusst. Statt anzubeten, anerkennen sie, dass es Grösseres gibt als sie. Gebet braucht keine Worte.

Doch auch die personale Sprache ist möglich. Wenn Gott keine Person ist, heisst das nicht, dass wir nicht personal beten können. Die personale Sprache ist die menschlichste Form von Sprache. Sie kann lebensnaher, herzlicher, verbindlicher sein als die schweigende. Personal ist im personalen Gebet nicht Gott, sondern die Art, wie wir ihm begegnen.

Das personale Gebet steht der Poesie nahe, die in Metaphern spricht und uns dadurch meist mehr ergreift als sachliche Worte. Auch die geistliche Musik braucht die poetisch-personale Sprache; sie wäre in einer Alltagssprache kaum denkbar.

Andererseits bringt das personale Beten die Gefahr eines Rückfalls in unreflektierte mythische Gottesbilder mit sich. Diese wurden uns als Kind mitgegeben; sie sind jederzeit bereit, wieder in das Bewusstsein einzuwirken. Oft wird eine Zeit ohne personales Gebet nötig sein, um den nötigen Abstand zu gewinnen.

Das Bittgebet

Besonders von dieser Thematik betroffen ist das Bittgebet. Es setzt einen Gott voraus, der ins Geschehen eingreift, der für Hilfeleistungen zur Verfügung steht. Da es in der Gottesbeziehung eher um Hingabe geht als um Dienstleistungen Gottes, wird das bald einmal fragwürdig. Gott wird zum Dienstboten, zum Ersatz für die leider im Erwachsenenleben nicht mehr zur Verfügung stehenden mächtigen und gütigen Eltern.

Das Bittgebet kann aber auch eine Form haben, die weder einen wundertätigen Gott voraussetzt noch es an Hingabe fehlen lässt: Ich kann mir bewusst werden, dass ich das Wesentliche mit Planen und Machen nicht erreichen kann, dass es mir geschenkt werden muss. In diesem Bewusstsein werde ich still, gestehe meine Bedürftigkeit ein, öffne mich für das Geschenk und warte.

Meditation – Kontemplation

Meditation hat sich in den Kulturen des Ostens entwickelt und kennt verschiedene Formen. Sie wird heute auch von den Kirchen angeboten. Verbreitet ist die Zen-Meditation, ein Leerwerden im Bewusstsein des Atems. Die entsprechende traditionelle Form im Christentum ist die Kontemplation. Auch sie geschieht in Sammlung und Schweigen. Während in der Meditation versucht wird, sich von Verhaftungen zu lösen und so mit dem Göttlichen eins zu werden, geht Kontemplation oft von biblischen Texten, bildhaften Vorstellungen oder Worten aus, um von da aus im Schweigen Gott zu finden.

»Geistliche Lesung«

Gebet wird oft mit Bibellektüre verbunden. Es wurden viele Wege entwickelt, wie die Bibel »geistlich« gelesen werden kann. Ignatius von Loyola lädt ein, sich die Szenen bildhaft vorzustellen und darauf zu achten, was es auslöst. Ein einfacher Weg besteht darin, einfach Vers um Vers zu lesen, in der Stille zu verweilen und es wirken zu lassen. Immer steht die Frage im Zentrum, was der Text für den lesenden Menschen in der konkreten Lebenssituation bedeuten will.

Die Bibel wird auch gemeinsam gelesen. In Südamerika wird sie in den Basisgemeinschaften[117] genutzt, um sich in den schwierigen sozialen und politischen Situationen zu orientieren und zu ermutigen. In Asien und Afrika ist die Methode »asipa«[118] verbreitet; in Lektüre, Stille und Austausch wird die Alltagspraxis anhand der Bibel beleuchtet. In den evangelischen Kirchen hat die Lesung seit langem in Hauskreisen Tradition.

»Bete und arbeite«

Der »Mönchsvater« Benedikt von Nursia[119] drängte in seiner Ordensregel auf Einheit von Gebet und Arbeit. Konzentrierte Momente der Sammlung finden im praktischen Handeln ihre natürliche Fortsetzung. In gesammelter Haltung Gartenarbeit zu verrichten, ist Gebet. Nochmals Meister Eckhart: »Wenn du glaubst, du gelangest durch Innigkeit, durch Andacht, durch Willfährigkeit oder besondere Anstalten eher zu Gott als am Herd oder im Stall, so tust du nichts anderes, als wenn du Gott nähmest und wickeltest ihm einen Mantel um den Kopf und stecktest ihn unter eine Bank.«[120] Madame de Guyon (1648-1717), eine französische Mystikerin, beschreibt es so: »Es muss dahin kommen, dass der Bauer am Pflug im gesegneten Zwiegespräch mit Gott dahingeht, dass der Handwerker seine Arbeit in beständiger Gemeinschaft mit Gott verrichtet, dass der Hirte, während er seine Schafe hütet, im Geist der ersten Christenheit lebt, dass die Köchin am Herd weiss, dass jeder Topf in Jerusalem dem Herrn heilig ist.«[121]

4 »Christus« im eigenen Leben verkörpern

Es gibt nicht eine einzige Art, christusförmig zu leben. Simone Weil, Dorothy Day, Dag Hammarskjöld, Mahatma Gandhi, Nelson Mandela – sie hatten ganz verschiedene Lebensläufe und verkörpern alle die geistige Figur des »Christus«.

Der Weg der Bergpredigt

Die bedeutendste Zusammenfassung christlicher Spiritualität ist die Bergpredigt. Matthäus hat in den Kapiteln 5-7 seines Evangeliums die »Ethik« Jesu in einer grossen Rede zusammengefasst. Sie beginnt mit den »Seligpreisungen«; diese stellen den Weg der Gewaltlosigkeit dem Kampf um Grösse und Erfolg gegenüber. Weiter wird gesagt, dass der Buchstabe des Gesetzes zwar nicht sinnlos ist, dass es aber dabei nicht um den Buchstaben geht, sondern um eine grosszügige, liebende Einstellung. Dem Bösen soll kein Widerstand geleistet werden, das Aufschaukeln von Schlag und Vergeltungsschlag soll durchbrochen werden, den Feinden ist wie den Freunden Gutes zu tun. Die tägliche Sorge um Nahrung und Kleidung wird relativiert; der Einsatz für das Gottesreich geht vor.

Auch die Bergpredigt darf nicht als eine Reihe von moralischen Vorschriften gedeutet werden. Das würde dem Geist des Textes klar zuwider laufen. Wenn wir uns bei der Lektüre von Gefühlen des Ungenügens und der Entmutigung bedrängt fühlen, haben wir wohl etwas falsch verstanden.

Berufung

Als Jesus seine Mission begann, berief er Menschen persönlich auf seinen Weg. Auch heute noch hat Glauben die Form von Berufung. Was ich in meinen tiefen Erfahrungen erlebe, ist ein persönlicher Anruf an mich; meine persönliche Antwort ist gefragt.

Niemand lebt das Christentum in seiner ganzen Fülle. Die grossen christlichen Persönlichkeiten der Vergangenheit lebten jeweils einen Aspekt des Ganzen. Im

Lauf unserer Erfahrungen entdecken wir Akzente, die für uns zentral sind. Wir finden unsern persönlichen »Schatz im Acker«, unser Gottesreich. Wir sind eingeladen, unser Leben darauf auszurichten. Wenn wir die spirituellen Erfahrungen, die wir machen durften, miteinander verbinden, zeigt sich eine Spur: die Spur unseres persönlichen Lebenssinns. Berufung ist die ganz persönliche Art und Weise, wie ich den »Christus« in meinem Leben Gestalt annehmen lasse. Sie gibt meinem Leben eine Mitte und ermöglicht so ein gezieltes Einsetzen meiner Kräfte für ein sinnvolles Leben.

Kreuz

Das Thema »Kreuz« passt nicht so recht in unsere wohlhabende und konsumfreundliche Gesellschaft. Wir suchen Erfüllung, Freude, Wohlergehen. Wir vernehmen mit Befremden von den asketischen Übungen des Mittelalters, von Bussgürteln und Selbstgeisselung. Dass das Leiden erlösende Kraft haben soll, leuchtet uns nicht unmittelbar ein. Das Altern verdecken wir durch jugendliches Verhalten, über die Not der Welt zucken wir bedauernd die Schultern, den Tod verdrängen wir.

Jesus sieht es anders: »Wer nicht sein Kreuz auf sich nimmt und mir nachfolgt, ist meiner nicht würdig. Wer das Leben gewinnen will, wird es verlieren; wer aber das Leben um meinetwillen verliert, wird es gewinnen.« (Matthäus 10,38f.)

Jesus wurde nicht gekreuzigt, weil ein zorniger Gott dieses Opfer verlangte. Er wurde gekreuzigt, weil er seinem Auftrag treu blieb. Seine Kreuzigung war eine brutale Hinrichtung, ein Unrecht, eine Niederlage. Dementsprechend geht es auch für uns nicht um freiwilliges Leiden in Büssergesinnung. Das gab es vielleicht für einzelne Menschen im Mittelalter als besondere Berufung, es ist aber nicht das, was mit dem Kreuz gemeint ist. Gemeint ist das nicht abwendbare Leiden, das uns zufällt, und das sich zeigt, wenn wir unsern Weg konsequent zu gehen versuchen.

Leiden

»Geburt ist Leiden, Altern ist Leiden, Krankheit ist Leiden, Tod ist Leiden; Kummer, Lamentieren, Schmerz und Verzweiflung sind Leiden; Gesellschaft mit dem Ungeliebten ist Leiden, das Gewünschte nicht zu bekommen ist Leiden«, so sagt auch Buddha[122].

Es ist Tatsache, dass die Welt ein grosses Kreuz ist, dass es in der Welt furchtbar zu und her geht und dass wir dabei nur wenig helfen können. Dass die Menschen oft zueinander unsäglich brutal sind, dass der Irrsinn von Aufrüstung, Atomspaltung und Kriegsführung zum Himmel schreit, dass eine Minderheit die Mehrheit immer noch gnadenlos ausbeutet, dass in hundertvierzig Staaten immer noch gefoltert wird, dass auch menschlich nicht verursachtes Elend wie Erdbeben, Tsunamis und Dürreperioden Menschen ins Unglück stürzen, dass wir selber unsern Möglichkeiten nur sehr beschränkt gerecht werden können, dass wir jederzeit gefährdet sind – all das sind Tatsachen, mit denen wir leben müssen.

Ja sagen

Das Kreuz auf sich nehmen, heisst dann: in diesen Situationen standhalten. Liebe leben statt nach Rache rufen. Ja sagen statt anklagen. Kämpfen im Bewusstsein der Ohnmacht. Viktor Frankl, der das Konzentrationslager erlebte, hat aufgezeigt, wie das Akzeptieren und Durchstehen von unabänderlichem Leid in Tapferkeit und Würde höchste Sinnstufe menschlichen Lebens sein kann[123].

Dies ist wohl der Kern des Christus-Mythos, unabhängig von der Form, die er annimmt. Auf sich nehmen, was das Leben bringt. Das Unveränderbare tragen. Soweit es möglich ist, sich von Liebe leiten lassen. Sich bewusst sein, wie es Viktor Frankl sagt, »dass es nie und nimmer darauf ankommt, was wir vom Leben noch zu erwarten haben, vielmehr darauf: Was das Leben von uns erwartet.«[124] Darauf vertrauen, dass Kreuz und Auferstehung in der Tiefe eins sind.

Dieses Ja ist nicht mit Resignation zu verwechseln. Engagement und gewaltloser Kampf gehören zu einer christlichen Ethik. Das Ja gilt dem unabwendbaren Leid. Das Ja ist auch nicht mit heroischer Pose zu verwechseln. Es geht nicht um Heldentum, sondern um liebendes Bestehen dessen, was uns als Anforderung begegnet.

Auferstehung

Auferstehung scheint auf in spirituellen Erfahrungen, die uns über die Not hinaus schauen lässt. Sie begegnet uns in jeder Blume, wenn der Funke zwischen unserer Offenheit und ihrer Ausstrahlung springt. Sie begegnet in jedem Menschen, der in einer kalten Welt die Liebe aufrechterhält. Sie strahlt aus den Augen eines uns herzlich begegnenden Menschen. Sie trägt uns, wenn wir Sinn in einer kreuzbelasteten Welt erleben.

Oft braucht es zum Erleben der Auferstehung den Wink des Schicksals. Es versetzt uns einen Schlag, entzieht uns unsere Ressourcen, entreisst uns unser Glück.

Dann kann es sich ereignen: Dass wir einen Frieden erfahren, der unabhängig ist von Glück und Not, der alles in Liebe umfasst. Hier sind wir im Zentrum der christlichen Mystik.

5 Leben für ein Jenseits?

Weltgericht

Jenseitsvorstellungen spielten in allen Jahrhunderten des Christentums eine wichtige Rolle, veränderten sich aber in ihrer Ausprägung. Zu Beginn des Christentums ging es um die »Naherwartung«: Jesus würde noch zu Lebzeiten der ersten Christen wiederkommen und die Welt richten. Die Vorstellungen waren sehr bildhaft, wie eine Stelle im ersten Thessalonicherbrief (4,16-18) zeigt: »Denn der Herr selbst wird vom Himmel herabkommen, wenn der Befehl ergeht, der Erzengel ruft und die Posaune Gottes erschallt. Zuerst werden die in Christus Verstorbenen auferstehen; dann werden wir, die Lebenden, die noch übrig sind, zugleich mit ihnen auf den Wolken in die Luft entrückt, dem Herrn entgegen.« Diese Erwartungen waren so konkret, dass Paulus die Gemeinde in Galatien ermuntern musste, weiterhin zu arbeiten und nicht einfach auf die Wiederkunft zu warten.

Leben nach dem Tod

Je länger der »Tag des Herrn« auf sich warten liess, desto mehr rückte das persönliche Gericht gleich nach dem Tod des Einzelnen in den Vordergrund. Die Vorstellung, dass die Seele sich im Tod vom Leib trennt, war dem jüdischen Denken fremd; sie wurde von der griechischen Überlieferung und aus gnostischen Schriften übernommen. Nun entstanden Vorstellungen von Himmel und Hölle, wie sie auch in Mythologien ausserhalb des Christentums zu finden sind. Das Fegfeuer wurde als Läuterungsmöglichkeit eingeschoben. Für die noch nicht getauften Neugeborenen gab es den Limbus, eine Art schmerzfreier Warteraum. Das »Jüngste Gericht« wurde in unbestimmte Ferne gerückt.

Himmel und Hölle

Wenn die Religion wahr wäre, schreibt Friedrich Nietzsche, »so wäre es ein Zeichen von Schwachsinn und Charakterlosigkeit, nicht Priester, Apostel oder Einsiedler zu werden und mit Furcht und Zittern am eigenen Heile zu arbeiten; es wäre unsinnig, den ewigen Vorteil gegen die zeitliche Bequemlichkeit so aus dem Auge zu lassen. Vorausgesetzt, dass überhaupt geglaubt wird, so ist der Alltags-Christ eine erbärmliche Figur, ein Mensch, der wirklich nicht auf drei zählen kann.«[125] Nietzsche spürte gut, dass die Christen zwar eine unbarmherzige Vorstellung von Himmel und Hölle pflegten, diese aber kaum mehr ernst nahmen.

Wenn diese Vorstellungen als Bilder für die Ernsthaftigkeit von Lebensentscheidungen verstanden werden, ist das nachvollziehbar. Wörtlich genommen aber sind es Aussagen von brutaler Grausamkeit. Offenbar hat sich der Jesus der Bergpredigt noch nicht ganz gegen eine gewalttätige Religiosität durchsetzen können.

Reinkarnationslehre und Christentum

In den östlichen Religionen gilt die Vorstellung der Reinkarnation. Der Mensch kehrt immer wieder auf die Erde zurück, bis er die Erleuchtung gefunden hat und aus dem Kreislauf ausscheiden kann. Die Vorstellung von Reinkarnation ist heute auch in westlichen Kreisen verbreitet. Auch unter Christen ist sie zu finden[126]. Allerdings gibt es zwischen Ost und West bedeutende Unterschiede: Im Osten werden alle religiösen Anstrengungen darauf hin ausgerichtet, aus dem Kreislauf der Wiedergeburten auszusteigen. Westliche Strömungen sehen in der Wiedergeburt meist eine Chance, Verpasstes oder Verfehltes nachzuholen oder zu korrigieren.

Reinkarnation würde einige Phänomene erklären. Es wäre leichter, an einen gerechten Gott zu glauben, denn das Unrecht in diesem Leben könnte im nächsten kompensiert werden. Verschiedene Begabungen unter Neugeborenen würden verständlich. Einzelne Bibelstellen zeigen in die Richtung der Reinkarnation, z.B. Markus 9,11-13, wo Johannes der Täufer als wiedergekehrter Elias gedeutet wird.

Immer häufiger wird auch die Vereinbarkeit von Reinkarnation und Auferstehung vertreten. Es gebe viele Leben, erst im letzten geschehe die Auferstehung. Oder: Auferstehung sei eine mythologische Formulierung der Reinkarnationslehre. Man bringt es in Zusammenhang mit der Lehre vom Fegfeuer (dogmatisiert im Konzil von Florenz 1439), das auch einen Reinigungsprozess darstellt.

Die Reformation lehnt die Reinkarnation meist als unbiblisch ab. In diesem Zusammenhang wird oft diskutiert, ob es denn die Trennung von Seele und Leib überhaupt gebe; gelehrt werde doch die Auferstehung des ganzen Menschen.

Ein Jenseits von Raum und Zeit?

Es ist wohl etwas naiv zu glauben, dass jemand, der am Dienstag stirbt, am Mittwoch weiter lebt, einfach an einem andern Ort und in einer andern Form. Weniger naiv ist es anzunehmen, dass es eine Dimension gibt jenseits von Raum und Zeit.

Schon Kant beschrieb Raum und Zeit als Kategorien des Menschseins, die nichts mit dem »Ding an sich« zu tun haben. In der Kosmologie geht man davon aus, dass der Urknall die Zeit erst ausgelöst hat. Mystikerinnen und Mystiker bezeugen einen Erfahrungszustand jenseits von Raum und Zeit. Offensichtlich ist die Zeit nicht eine letztgültige Wirklichkeit. Eine Dimension jenseits von Zeit und Raum scheint denkbar.

Nahtoderfahrungen

Neu stellte sich die Frage mit dem Bekanntwerden der Nahtod-Erfahrungen[127]. Es gibt viele Zeugnisse für eine Lichterfahrung bei klinisch Toten, die wieder ins Leben zurückkehrten. Naturwissenschaftlich denkende Menschen versuchen, dies neurologisch zu erklären. Mag sein, dass es ein neurologischer Vorgang ist. Doch ändert das nichts an seiner Bedeutsamkeit; viele berichten, dass die Erfahrung eine vertiefte Lebensführung mit sich brachte. Wie bei der Musik oder bei spirituellen Erfahrungen erklären die Neurowissenschaften in keiner Weise die Ergriffenheit und Auswirkungen auf das Leben der Betroffenen. Es kann aber auch nicht mit

Sicherheit gesagt werden, dass diese Erfahrung in eine »Ewigkeit« mündet.

Andere Forschungen befassen sich mit parapsychologischen Erfahrungen, vor allem mit dem Erscheinen von Toten. Man versucht in Experimenten, mit ihnen in Kontakt zu treten. Es gibt ernsthafte Forschung in diesem Bereich[128]; die Fragestellung zieht aber auch viele an Ausserordentlichem Interessierte an.

Von Bedeutung sind in dieser Frage Berichte von Menschen, deren Hirn während einer Operation nachweisbar nicht mehr funktionierte, die aber später über alle Vorgänge berichten konnten[129]. Das könnte darauf hinweisen, dass nicht das Hirn das Bewusstsein hervorbringt, sondern dass sich das Bewusstsein sein Hirn erschafft und deshalb nicht vollständig von ihm abhängt.

Stimmen aus Theologie und Kirche

Aus kirchlichen Kreisen melden sich verschiedene Stimmen zum Thema. Der katholische Katechismus von 2005 sagt es unmissverständlich: »Durch den Tod wird die Seele vom Leib getrennt. Der Leib fällt der Verwesung anheim. Die Seele, die unsterblich ist, geht dem Gericht Gottes entgegen und wartet darauf, wieder mit dem Leib vereint zu werden, der bei der Wiederkunft des Herrn verwandelt auferstehen wird.«[130] Bei Bestattungen wird zum Trost der Angehörigen in der Regel von der Hoffnung auf ein Weiterleben ausgegangen. Theologinnen und Theologen äussern sich meist vorsichtig. So nimmt z.B. der Theologe Gerd Theissen in seinem »kritischen Katechismus« mit dem Hinweis Stellung, dass nach dem Johannesevangelium die Auferstehung nicht nach dem Tod, sondern jetzt geschehe[131]. Klar äussert sich Dorothee Sölle: »Ich glaube an das Leben nach dem Tod, das Leben, das weitergeht nach meinem individuellen Tod, an den Frieden, der vielleicht irgendwann einmal sein wird, wenn ich schon lange tot bin, an die Gerechtigkeit und die Freude. Ich glaube nicht an eine individuelle Fortexistenz, und ich möchte auch nicht in die Lage kommen, daran glauben zu müssen.« [132]

Leben aus der Ungewissheit

Die Tatsache, dass praktisch alle Kulturen Vorstellungen eines Jenseits entwickelt haben, lässt darauf schliessen, dass das Thema zumindest als Frage von Bedeutung ist.

Die Tatsache, dass die Schilderung der Jenseitsvorstellungen in völlig verschiedenartigen Bildern und Konzepten erscheint, weist daraufhin, dass es sich um symbolische, mythische Vorstellungen handelt, die auch als solche begriffen werden sollten. Dabei sind die Vorstellungen dem Wechsel der Zeiten unterworfen: Bilder wie Himmel, Hölle, Fegfeuer, Jüngstes Gericht und ähnliche sind heute kaum mehr geeignet, auf das Geheimnis von Leben und Tod zu verweisen.

Der zentrale Punkt ist wohl, was diese Fragen für unsere Lebensführung bedeuten. Haben Antworten auf diese Fragen Einfluss auf unser Verhalten? Und wie stellen wir uns ein, wenn uns eindeutig fassbare Antworten fehlen?

Was können wir festhalten?

- Gott als das nicht auflösbare Geheimnis der Welt zu betrachten, lädt ein, sich nicht von der rational-technischen Welt einnehmen zu lassen, sondern das Leben aus der Tiefe mystischen Erlebens zu gestalten.

- Christliche Ethik ist kein gedankliches Konstrukt, kein allgemeingültiges Normsystem, sondern der Versuch, die »Christusfigur« auf je eigene Art im persönlichen Leben und in der Gesellschaft umzusetzen. Leitwert ist die gelebte Liebe.

- Christliche Ethik baut nicht auf rationalen Überlegungen auf, sondern auf der Erfahrung des Göttlichen in sich, im andern und in der Welt. Liebe zum Mitmenschen ist nicht Reaktion auf mir genehme Eigenschaften des andern, sondern Eingehen auf sein Geheimnis, auf sein Anders-Sein. Sie gilt deshalb universal, für Freund und Feind, privat und politisch.

- In der Nachfolge Jesu sein Kreuz zu tragen, ist der Appell, auch im Schlimmsten offen zu bleiben für die Erfahrung von Sinn. Sie beinhaltet sowohl gewaltloses Engagement für Gerechtigkeit als auch das Ja zum nicht abwendbaren Leid.

- Die Endlichkeit der menschlichen Existenz ist Teil des nicht hinterfragbaren Geheimnisses der Welt. Es geht darum, das Leben im unbegreiflichen Zusammenspiel von Glück und Not, von Leben und Tod zu begreifen und aus diesem Verständnis zu gestalten.

5. Kapitel:

Christ sein in Gemeinschaft

Religion ist nicht Privatsache, wie oft behauptet wird. Wir sind Gemeinschaftswesen. Es ist völlig unnatürlich, wenn wir unsere wichtigsten Erfahrungen, unsere tiefsten Anliegen für uns behalten.

Wir brauchen Gemeinschaft, um unsere Erfahrungen mit den Erfahrungen anderer anzureichern. Die Sicht des Einzelnen ist begrenzt. Wir brauchen Ergänzung und Korrektur durch die Erfahrung anderer.

Wir brauchen Gemeinschaft, um unsere Erfahrungen in eine historische Kontinuität und kulturelle Identität einzubetten. Unsere Erfahrungen sind von den sprachlichen Formen und den Bildern unserer Kultur geprägt. Sie sind ohne den kulturellen Hintergrund nicht verstehbar, weder für uns noch für andere.

Wir brauchen Gemeinschaft, um unsere Erfahrungen mit andern zu feiern. Grosse Ereignisse, Freude, Trauer, Ergriffenheit wollen gefeiert sein. Mystik ist nicht nur Erkenntnis, sie ist Leben, sie will ausgedrückt, besungen, getanzt werden.

Und wir brauchen schliesslich Gemeinschaft, um aus der Kraft des Erlebten ein Engagement zu übernehmen. Mystik drängt zum Handeln. Sie ist ethischer Impuls. Die Gemeinschaft kann die Einzelnen in ihrem Engagement unterstützen; sie kann aber auch ein gemeinsames Engagement übernehmen.

1. Auslaufmodell Kirche?

Kirchen – gefragt und kritisiert

Rüdiger Safranski schreibt nicht gerade begeistert über die bestehenden Kirchen. Die heute erkaltete Religion komme »ohne ernsthafte Transzendenz« aus. »Sie ist immanent gerichtet, pragmatisch, karitativ, rhetorisch. Die Glaubenswelt ist soweit psychologisiert und soziologisiert, dass daraus ein Gemisch wird aus Sozialethik, institutionellem Machtdenken, Psychotherapie, Meditationstechnik, Museumsdienst, Kulturmanagement, Sozialarbeit. Hoffnungen auf Erlösung haben sich, wo es sie noch gibt, von der äusseren auf die innere Bühne verlagert.« [133]

Dies ist nur *ein* Beispiel von kirchenkritischen Äusserungen. Der Slogan »Jesus ja, Kirche nein« ertönt schon lange. Kirchenkritische Literatur verbreitet sich zusehends[134]. Der wachsende Verlust von Mitgliedern ist eine weitere wortlose Kritik. Andererseits bekommen die Kirchen in Umfragen immer wieder erstaunlich gute Noten. Ihre Notwendigkeit wird wenig bestritten, auch wenn es vorwiegend die sozialen Dienstleistungen sind, die gewürdigt werden.

Die bestehenden Kirchen

Die katholische Kirche hat in ihrem Prunk- und Machtapparat Formen angenommen, die nicht der Botschaft Jesu entsprechen: Papsttum statt Brüderlichkeit, Paläste statt Armut, Lehrverbote statt Liebe, Dogmatik statt Leben. Vom Propheten Jesus von Nazareth, wie die Evangelien ihn darstellen, ist in ihrem Erscheinungsbild nicht mehr viel zu finden. Es ist erfreulich, dass der neue Papst Franziskus nun versucht, Gegensteuer zu geben.

Die reformierten Kirchen zeichnen sich aus durch Freiheit der Lehre. Sie leisten viel Diakonie. Doch auch sie sind in unsern Ländern Volkskirchen; sie haben unzählige Mitglieder, die ihre Teilnahme mehr oder weniger auf das Bezahlen von Kirchensteuern und ein paar Feierlichkeiten beschränken. Das demokratische Amtsverständnis Luthers wird nicht sehr konsequent gelebt[135]. Oft sind sie arm an Mystik, pflegen einen wortreichen Stil.

Die orthodoxen Kirchen des Ostens zeichnen sich aus durch ihre starke Betonung des Mystischen. Sie sind weniger als die andern Kirchen durch rationale Deutungen belastet. Sie haben eine starke Bindung an die Tradition. Doch gerade das steht oft Weiterentwicklungen im Weg.

Freikirchen lassen Gemeinschaft erleben, pflegen soziales Engagement, nehmen sich für die Einzelnen Zeit. Das spricht in einer beziehungsarmen Zeit viele Menschen an. Andererseits bieten sie oft fundamentalistisch gefärbte Wahrheiten, vertreten eine einengende Moral und stehen politisch rechts aussen (in Südamerika konkurrenzieren sie die sozialkritischen Basisgemeinden).

Basisbewegungen nach südamerikanischem Modell suchen sozialen und politischen Einsatz für Gerechtigkeit vom Evangelium her zu beleuchten. Erweckungskirchen knüpfen an charismatische Traditionen an, die schon Paulus kannte. Gnostisch orientierte Kreise tragen das Christliche von ihrer eigenen Weltsicht her weiter. Oft ist es die Absicht all dieser Gruppierungen, die Anonymität oder Einseitigkeit offizieller Kirchen zu korrigieren.

Erneuerung oder Auslaufmodell?

In der westlichen Welt nimmt das Interesse an den Kirchen bedrohlich ab. Einzig die Pfingstbewegung und die trendige Jugendkirche International Christian Fellowship (ICF) scheinen zu wachsen. Dabei genügt es nicht, die Zahlen anzuschauen. Viele, vor allem junge

Menschen sind der kirchlichen Welt grundsätzlich entfremdet: Sie kennen die biblischen Mythen und Feste nur noch marginal, die kirchliche Sprache ist ihnen fremd. Die Welt der Kirchen ist für sie längst keine Heimat mehr. Wird das Christentum bald so dastehen, wie wir heute die Antike erleben: interessant, aber museal? [136]

Im Moment scheint das Christentum in Afrika, Asien oder Südamerika lebendiger zu sein. Ist dort die Quelle der Erneuerung zu finden? Oder ist es die Nähe zum mythischen Denken, die diesen Menschen das traditionelle Christentum vertraut sein lässt? Ist es die soziale Not und die daraus erwachsende Notwendigkeit solidarischen Lebens, die sie motivieren? Werden diese Länder auch den Weg des Westens gehen, wenn sie genügend intellektualisiert und technisiert sind?

Die Kirchen und der Christus-Mythos

Die Kirchen haben sich noch kaum auf ein neues Gottesverständnis eingestellt. Sie reden von Gott unbefangen wie von einem Menschen, den sie kennen. Sie bitten ihn um Dinge, wie ein Kind die Eltern bittet. Sie klagen sich vor ihm an, als wäre er noch der belohnende und bestrafende Richter. Sie überhäufen ihn mit traditionellen Ehrentiteln, ohne diese zu hinterfragen.

Trotz besseren Wissens ihrer theologischen Fakultäten brachten sie bisher nur selten den Mut auf, ihren Gläubigen den Christus-Mythos als Mythos zu erklären. Gottheit Jesu, Erlösung am Kreuz, Auferstehung, Jüngster Tag werden zurückhaltend behandelt, aber auch nicht in ihrer Bedeutung klargestellt. Offenbar wirkt da eine Angst, die noch praktizierenden Gläubigen vor den Kopf zu stossen. Das führt dazu, dass das kirchliche

Reden von Gott in der Öffentlichkeit immer mehr an Glaubwürdigkeit verliert. Es wird eine der grossen Aufgaben der Kirchen sein, verständlich und erlebbar zu machen, dass der Wert der Mythen nicht in ihrer historischen Tatsächlichkeit liegt, sondern in der Botschaft, die sie in sich tragen.

Die Kirchen sind oft besser als ihr Ruf

Es wäre ungerecht, den Kirchen nur Negatives anzulasten. Sie sind sogar meist besser als ihr Ruf. Sie haben in der Vergangenheit viele Werte geschaffen: Spitäler und Schulen, Kapellen und Kathedralen, Kantaten und Messen, Kunstwerke, Gebete und Rituale. Sie tragen heute noch eine Botschaft weiter, die in ihrem Grundbestand menschlich und lebensfreundlich ist. Viele Kirchenmitglieder setzen sich für Welt und Menschen ein, ohne sich um die Verirrungen der Kirchenleitung zu kümmern. Auch Seelsorgerinnen und Seelsorger leiden häufig unter der Spannung zwischen der kirchlichen Tradition und den Zeichen der Zeit und suchen nach neuen Wegen.

2 Vision einer kommenden Kirche

Wer ist Kirche?

Wenn wir von Kirche sprechen, wen meinen wir damit? Wir sagen, die katholische Kirche verhänge Lehrverbote, und wir meinen den Vatikan. Es heisst, die Stadtkirche biete einen Abendgottesdienst an, und gemeint sind die Amtsträger. Es ist nicht im Sprachgebrauch verankert, dass alle Mitglieder Kirche sind. Der Sprachgebrauch deutet darauf hin, dass kirchlich Angestellte den »Gläubigen« Angebote machen. Zwar gilt in den reformatorischen Kirchen das allgemeine Priestertum, aber die Erwartung ist doch meist, dass Angestellte das kirchliche Leben planen und organisieren. Das Zweite Vatikanische Konzil hat sich dazu bekannt, dass die Kirche ein pilgerndes Gottesvolk[137] sei, aber die Weisungen kommen klar und unmissverständlich von oben.

Wenn Kirchen sich als »Volk Gottes« erneuern wollen, müssen sie hier auch in Sprache und Praxis präziser sein. Predigt, Verlautbarungen, Ausschreibungen, aber natürlich auch das Gemeindeleben müssen darauf überprüft werden, ob sie nicht im Widerspruch stehen zur Aussage, dass alle Träger des göttlichen Geistes sind.

Eine fragende Kirche

Das Bild des pilgernden Gottesvolkes wird noch häufig so verstanden, dass die Kirchenleitung vorausgeht und alle andern ihr folgen. Doch weiss die Kirchenleitung den Weg? Hat sie andere Quellen des Wissens als die sogenannten Laien? Das alttestamentliche Bild vom Volk Israel, das durch die Wüste zieht, zeigt es anders: Niemand weiss, wohin es geht, auch Moses nicht. Es folgt der Wolkensäule, die ihr Tag für Tag voraus geht. In diesem Verständnis kann eine bescheidene, ihres beschränkten Wissens bewusste Kirche Tag für Tag entdecken, was in der konkreten Situation fällig ist.

Kirche der Armen

Die Kirchen der westlichen Welt haben weithin den Nimbus der Hüterin bürgerlicher Moral. Sie haben sich lang mit dem Kapitalismus identifiziert. Sie sprechen weitgehend die Sprache der bürgerlichen Mittelschicht. Die Kirche der Armen ist ein oft zitiertes Projekt, aber die Armen sind Objekt der Caritas, nicht Mitspielende. Die Armen unserer Zeit müssen wieder das Sagen bekommen, auch wenn dies anfangs schwierig sein wird. Zu den Armen gehören die Verwahrlosten, die Drogenabhängigen, die Asylsuchenden. Wie können sie eingeladen werden, ohne dass sie die Betreuten werden? Wie können die Kirchen von ihnen lernen?

Bewusstsein statt Aktivismus

Veränderungen haben keine Chance, wenn sie nicht auf einem erneuerten Bewusstsein aufbauen. Ohne neues Bewusstsein werden sie bald in den Akten verstauben oder in ausgetretene Pfade zurückfallen. Bewusstseinsänderung lässt sich aber nicht verordnen. Sie kann in Kongressen, Synoden oder Konzilen zwar koordiniert und auf die praktische Ebene heruntergebrochen werden, doch zuerst muss die geistige Basis vorhanden sein. Seelsorgerinnen und Seelsorger sind von Kasualien und Sitzungen oft so belastet, dass die Pflege des spirituellen Bewusstseins zu kurz kommt. Doch es betrifft nicht nur die kirchlich Beauftragten; möglichst viele Menschen sollen sich eingeladen fühlen, die Fragen der Zeit aus ihrem Blickwinkel zu meditieren, zu überdenken, zu formulieren.

Geist und Verwaltung

Entwicklungen verlaufen in der Regel nach dem Muster Geist – Form – Formalismus. Am Anfang steht der Geist, eine Intuition, eine Begeisterung. Der Geist verlangt nach Form, er nimmt Gestalt an, organisiert sich. Am Schluss steht oft noch die Form allein, der Geist ist entschwunden. In diesem Sinn sind Strukturen hilfreich, aber auch gefährlich. Wenn die Strukturen mächtiger werden als das Leben der Gemeinschaft, ist Aufmerksamkeit angesagt.

Die kirchlichen Strukturen sind gross geworden. Die katholische Kirche führt einen eigenen Staat. Kirchliche Gemeinschaften sind oft Staatskirchen. Liturgien sind in ihrer Form verfestigt. Inzwischen sind in den Kirchen viele Strukturanpassungen im Gang. Zielen sie auf Verlebendigung der Gemeinde oder verfestigen sie einfach das Bestehende?

Nutzung der Infrastruktur

Die Kirchen haben in unsern Ländern eine bedeutende Infrastruktur. Weil die Mitgliederzahl abnimmt, wird sie bald einmal zu gross sein. Kirchengebäude müssen zum Teil schon verkauft, in Bibliotheken, Konzertsäle, Cafeterias umfunktioniert werden.

Das ist sehr schade, denn diese Gebäude sind zum Teil nicht nur historische Denkmäler, sondern Räume mit religiöser Ausstrahlung und Orte geistiger Kraft. Es ist schade, dass gerade die schönsten Gebäude weitgehend dem Tourismus geopfert werden: Fast dauernd beschallen wortreiche Führungen den Raum; wer ihn auf sich wirken lassen will, findet kaum eine Minute Stille. In solchen Gebäuden sollten Öffnungszeiten vorgesehen sein für Menschen, die Vertiefung suchen.

Auch die Kirchenmusik könnte vermehrt der Begegnung mit christlichen Werten dienen. Die Chöre singen die Werke der geistlichen Musik gern, doch kümmern sie sich um den Text nur, soweit es für die musikalische

Gestaltung nötig ist. Es könnten Interpretationshilfen geboten werden, um aufzuzeigen, was die pietistisch angehauchten Texte in heutiger Sprache bedeuten und was damals einen Komponisten dazu bewogen haben könnte, einen Text auf diese Art zu vertonen. Dadurch würde die Musik gewinnen und der spirituelle Wert der Texte käme zur Geltung.

Ungehorsam?

Die spirituelle Einstellung der Bevölkerung ist in einem Wandel begriffen. Pflichtzölibat, Verbot von Verhütungsmitteln, Ausgrenzung der Geschiedenen und die ganze Sexualmoral finden nur noch begrenzte Zustimmung. Umfragen zeigen, dass in der Bevölkerung eine zunehmend distanzierte Haltung zu den Lehren der Kirchen festzustellen ist.[138]

Der Vatikan ist zentralistisch organisiert. Bischöfe werden von Rom ernannt und richten sich in der Regel nach den römischen Weisungen, auch gegen die Meinung der eigenen Bevölkerung. Hier kann Ungehorsam durchaus am Platz sein.[139] »Es gibt nicht nur die Tugend des Gehorsams, es gibt auch die Tugend des Ungehorsams. Es gibt die Sünde des Gehorsams, wo man nicht gehorchen darf. Wir Deutschen wissen davon ein Lied zu singen«, schreibt Fulbert Steffensky.[140] Ungehorsam ist notwendig, denn hierarchische Instanzen sind an Veränderungen nicht interessiert. Ohne Ungehorsam erstarrt das System. Schon Jahre, bevor das zweite Vatikanische Konzil die Liturgiereform einleitete, war diese in »vorauseilendem Gehorsam« längst in vielen Gemeinden umgesetzt.

Natürlich hat auch der Ungehorsam seine Grenzen. Entwicklungen brauchen Zeit; es ist nicht sinnvoll, sie in kurzfristigen Aktionen zu überspringen. Strukturen sollen weiterentwickelt, nicht zerstört werden. Um zum Beispiel das Staatskirchentum aufzugeben, braucht es den Aufbau neuer Organisationsformen. Neue Wege der Seelsorge können jetzt schon erprobt werden, ohne die früheren gleich fallen zu lassen. Vermutlich werden alte und neue Formen eine Zeit lang parallel zueinander laufen. Kein Zweifel besteht, dass viele Entwicklungen dringend sind, wenn die Kirchen ihren Einfluss nicht ganz verlieren wollen.

Ausbildung der Seelsorger und Seelsorgerinnen

Grundsätzlich sind alle Kirchenmitglieder Seelsorgerinnen und Seelsorger, an sich und an andern. Das hat Luther zu Recht betont, wenn auch mit wenig nachhaltigem Erfolg. Dass es in einer Kirche, wie in jedem grösseren Organismus, Leitungsfunktionen braucht, ist unbestritten. Nach heutigem Verständnis sollten sie demokratisch legitimiert sein. Es braucht auch Gremien, die in einem einzelnen Bereich etwas aufbauen. Menschen mit besonderen Charismen sollen besondere, ihrem Charisma entsprechende Tätigkeiten ausüben. Verantwortung aber muss über alle verteilt sein.

Seelsorgerinnen und Seelsorger werden heute an Universitäten oder speziellen Ausbildungsplätzen akademisch ausgebildet. Damit liegt der Akzent auf dem Erlernen und Weitergeben biblischer und dogmatischer Inhalte. Die Seelsorgerin, der Seelsorger ist eine Fachperson. Wenn wir Religion weniger vom Wissen als von einer Lebensführung auf mystischer Grundlage sehen, sind in der Ausbildung andere Akzentsetzungen nötig. Kenntnisse in Theologie mögen wichtig sein, aber noch bedeutender ist, dass der Seelsorger, die Seelsorgerin selber einen spirituellen Weg durchlaufen hat. Wer sich ihnen anvertraut, muss sich darauf verlassen können, dass sie den Weg der Mystik aus eigenem Erleben kennen. Wie in der Ausbildung zur Psychotherapie die Lehranalyse das Theoretische ergänzt, sollten die Studierenden der Theologie in einem begleiteten Prozess das spirituelle Leben einüben.

3 Eine neue Sprache finden

Worte verweisen auf das Unsagbare

Mystiker und Mystikerinnen haben es immer bezeugt: Es liegt eine grosse Kluft zwischen dem, was erfahren wird, und dem, was darüber gesagt werden kann. Das gilt für jede spirituelle Erfahrung; sobald es sich um echt Erlebtes handelt, wird die Verständigung schwierig. Letztlich ist das Geheimnis unsagbar.

Die rationale Sprache ist nicht für das Unsagbare geschaffen. Jede Aussage über Gott ist auf der Verstandesebene falsch. Sie hat ihren Wert als Symbol, als Verweis auf das Unsagbare. Der Verstand kann die Grenzen seiner Erkenntnisfähigkeit aufzeigen und somit der Mystik zugestehen, Symbole über das Unsagbare zu bilden.

Als Symbol aber, als Verweis auf das Unsagbare, kann jede Aussage über Gott richtig sein. Über Wert oder Unwert entscheidet, ob und in welchem Mass das Symbol im konkreten Kontext diese Verweiskraft aufweist.

Ludwig Wittgenstein schreibt, über das Unsagbare solle man schweigen. Mystiker und Mystikerinnen haben dieses Schweigen fast immer gebrochen, obwohl

ihnen bewusst war, dass Worte ihr Erleben nur annähe-
rungsweise ausdrücken konnten.

»Ohne Metapher lässt sich vom Göttlichen nichts
Sinnvolles sagen. Nur die Metapher rettet vor dem Verstummen«, schreibt Hubertus Halbfas.[141] Metaphern,
Bilder, Gleichnisse, Symbole sind am besten geeignet,
über Gott etwas auszusagen. Auch Jesus drückte sich in
Bildern und Gleichnissen aus. Die Gefahr der symboli-
schen Sprache besteht allerdings darin, an der Form des
Symbols hängen zu bleiben. Den Finger anzuschauen
statt das, worauf er weist.

Die Sprache kritisch überprüfen

Viele Worte oder Symbole, die einst für Menschen Gültigkeit hatten, müssen auf ihre Verweiskraft überprüft
werden. So wirft »der allmächtige Herrscher« heute vor
allem die Frage auf, warum dieser Herrscher die Brutalität der Evolutionsgeschichte und der grossen Mensch-
heitsverbrechen zulässt. Der »Schöpfer der Welt« verweist auf einen Bereich, der heute der Physik und der
Kosmologie zugestanden wird, nicht aber auf die Tie-
fendimension der Welt. Der »Richter« provoziert die
Frage, wie es denn um die Gerechtigkeit in dieser Welt
steht. Der »Vater« erinnert an das Patriarchat. Seine
Güte wird durch vieles in Frage gestellt. Das Wort
»Herr« ärgert die Feministinnen wegen seines männlichen Charakters und weil es ein Herrschafts-Wort ist.
Dass es in Gebeten und Kirchenmusik so oft vorkommt,
macht die Sache nicht einfacher.

Rituale, Gebete, Lieder

Rituale können ihre mythisch gefärbte Sprache behalten, wenn sie in einem mythisch gestalteten Gefäss eingebettet sind. Der rituelle Kontext zeigt den Teilnehmenden, dass es sich um mythische Sprache handelt. Es ist nicht wünschenswert, dass Rituale ständig von Erklärungen unterbrochen werden; die Tiefenwirkung geht dabei grossenteils verloren. Ein Ritual wirkt durch sich selber oder es wirkt nicht.

Lieder sind ein Kulturgut aus vielen Jahrhunderten. Die Liedtexte in den Gesangbüchern sind für Menschen unserer Zeit oft nicht mehr nachvollziehbar. Doch will man verständlicherweise auf dieses historische Erbe und den damit verbundenen künstlerischen Wert nicht gern verzichten. Neue Lieder sind wünschenswert; es wird allerdings lang gehen, bis ein Liedschatz in neuerer Sprache geschaffen ist, der es mit der Qualität und Innigkeit bestehender Kirchenmusik aufnehmen kann.

Was machen die Kirchen mit der *Kirchenmusik,* mit all den Chören und Arien, die unbefangen mythisch daherkommen? Texte wie das »Dies irae« mit seinen Drohgebärden sind textlich unverdaulich. Was wird aus dem »Agnus Dei«, das »die Sünden der Welt wegnimmt«? Alle diese Werke sind aus dem kirchlichen Repertoire nicht wegzudenken.

Gebete sind wohl grundsätzlich in heutiger Sprache zu formulieren. Das Wort »Gott« darf dabei nicht leichtsinnig gebraucht werden. Wie soll sein Verweischarakter erfahrbar werden, wenn es im Wortschwall daherkommt? Wie soll es ernst genommen werden, wenn über Gott gesprochen wird wie über einen alten Bekannten? Wie soll man Anschluss finden an Formulierungen, die Gott unhinterfragt als Person darstellen?

Das neue Gottesverständnis muss eine neue Sprache finden. Luther empfiehlt, dem Volk »aufs Maul zu schauen«. Eine Sprache kann nicht künstlich geschaffen werden, sie muss aus der Lebenswelt der Menschen herauswachsen. Das verlangt nach einer hörenden Kirche: Eine, die bereit ist, an den Geist Gottes in den Menschen zu glauben und ihre Erfahrungen in ihrer Eigensprache aufzunehmen.

4 Ökumene – Einheit in der Vielheit

Die Ökumene hat sich an der Kirchenbasis weit entwickelt, während vor allem die Hierarchie der katholischen Kirche unbeirrt an ihrem Ausschliesslichkeitsanspruch festhält. Lassen wir nochmals Fulbert Steffensky zu Wort kommen: »Die Front zwischen evangelisch und katholisch wird mehr und mehr eine Scheinfront, aufrechterhalten durch konservative theologische Erklärungen. Die wirklichen Fronten aber gehen quer durch die Konfessionen. Die Einheitlichkeit in der Glaubensformulierung und in den Glaubenstraditionen bedeutet noch nicht die Einheit der Kirche und des Glaubens, so wie die Trennung in der Glaubensformulierung und in der Frömmigkeitstradition noch nicht die Trennung im Glauben bedeutet. Das wissen die Leute allmählich. Es gibt aber Wahrheiten, die das Lehramt offensichtlich zuletzt erreichen.«[142]

Es gibt nur eine Kirche.
Es gibt keinen einzigen theologisch stichhaltigen Grund, die grossen Kirchenspaltungen beizubehalten.

Theologische Differenzen bestehen innerhalb der einzelnen Konfessionen genauso wie unter den Konfessionen. Die Hindernisse der Ökumene sind nicht theologisch begründet, sie betreffen ausschliesslich Amt und Macht. Und niemand, der die Evangelien gelesen hat, wird Amt und Macht als zentral für das christliche Leben ansehen.

Konfessionen sind als Beheimatung sinnvoll. Sie sind Familien mit Eigentraditionen, die miteinander ihren Weg gehen und ihre Aufgabe erfüllen. Sie können offen sein, was die theologischen Positionen betrifft, und doch ihre eigenen Traditionen pflegen. Die vielen Formen spirituellen Aufbruchs, von Freikirchen, Sekten, esoterischen Gruppierungen bis zu den Mystikern unserer Tage könnten in die grosse christliche Bewegung integriert werden, soweit sie nicht selber Ausschliesslichkeitsansprüche erheben.

Ökumene weltweit

Wir müssen die Frage der Ökumene über die Grenzen des Christlichen hinaus ziehen. Vorerst auf die nichtchristlichen Religionen. Das geschieht teilweise schon. Die Initiative »Weltethos« von Hans Küng ist ein wichtiger Schritt in diese Richtung[143]. Aber sind nicht die Rationalität der Moderne, die Aufwertung des Individuums, die Demokratisierung, die Zertrümmerung von Gottesbildern durch die grossen Atheisten, die Entdeckungen der Wissenschaften, die Globalisierung von Weltstrukturen, die Dekonstruktion herrschaftlicher Begriffe durch die Postmoderne auch Auswirkungen der christlichen Überlieferung? Ist nicht auch hier der göttliche Geist am Werk? Gibt es Grenzen der Ökumene?

Kein Einheitsbrei

Ökumene darf nicht Vereinheitlichung zum Ziel haben. Ein Einheitsbrei der Kirchenkulturen ist nicht wünschenswert. Verschiedene Kulturen auch innerhalb des Christentums sind Voraussetzung, wenn es ein lebendiger Organismus sein will. Konfessionen sind ein Beitrag zur Farbenvielfalt des Christentums. Eine übergeordnete Instanz könnte den Auftrag der Koordination übernehmen; das Leben aber geschieht im Kleinen.

5 Neue Formen kirchlichen Wirkens

Kirche lebt in Gruppen

Das Leben der Gemeinde verläuft in lebendigen Zellen. Nur im vertrauten Rahmen einer Gruppe geschieht Besinnung, entwickelt sich Engagement. Zellen vernetzen sich zu grösseren Gebilden, doch es braucht immer wieder die Erneuerung durch Gruppen in überschaubarer Grösse.

Lebendige Gruppen entstehen, wenn Austausch über das Leben und die religiösen Erfahrungen ihrer Mitglieder geschieht. Es ist erstaunlich, wie tiefgehend und verbindend es sein kann, wenn Menschen in einer Gruppe einander ihre tiefen Erfahrungen erzählen. Voraussetzung ist eine vertrauensvolle Atmosphäre und die Bereitschaft der Gruppe, alles Mitgeteilte willkommen zu heissen, auch wenn es nicht »religiös« daher kommt. Es zeigt sich, wie der göttliche Geist in heutigen Menschen wirkt. Es entsteht Ergriffenheit – Gott ist da. Das Erfahrene kann dann mit Fragen der Alltagsgestaltung, des kirchlichen Engagements und der Lektüre der Bibel in Zusammenhang gebracht werden.

Spirituell orientierte Gruppen blühen innerhalb, aber auch ausserhalb der Kirchen. Auf der andern Seite arbeiten soziale, ökologische und politische Gruppen innerhalb oder ausserhalb der Kirchen intensiv und effizient. Wäre es nicht Aufgabe der Kirchen, Gruppen zu bilden, die beides miteinander verbinden, wie dies im Bereich der Befreiungstheologie geschieht? Gruppen, die Innerlichkeit leben und daraus Impuls und Kraft für ein Engagement finden?

Spurgruppen

Spurgruppen könnten die sogenannten »Angebote« weitgehend ersetzen. Statt zu organisieren, beginnt eine Gruppe, das Angestrebte zu leben. Nehmen wir an, eine Kirchgemeinde möchte vermehrt die mittlere Altersgruppe ansprechen. Nach dem üblichen Modell hält das Seelsorgeteam eine oder mehrere Sitzungen ab, gründet vielleicht einen Ausschuss, erstellt ein Konzept, sucht Verantwortliche, schreibt das Ganze aus und hofft, dass sich ein paar Leute melden. Nach dem Modell Spurgruppe tun sich ein paar Menschen zusammen, klären ihr Ziel und ihr Vorgehen und beginnen, das Beschlossene zu leben. Nach Bedarf helfen Theologen und Theologinnen oder andere Fachleute mit. Sie leben es ein Jahr, dann reflektieren sie. Wenn es lebt, steckt es an.

Kirche und Jugend

Die kirchliche Arbeit mit Jugendlichen ist schwierig geworden; die Verführung der Konsumangebote ist gross. Wenn kirchliche Jugendarbeit nicht einfach die

Konsumfreudigkeit befriedigen will, sollten Jugendliche aktiv in ein Projekt eingebunden werden. Sie müssen sich für ihr Projekt selber verantwortlich fühlen. Die Jugendlichen sind nicht Objekt kirchlicher Tätigkeit, sie sind selber Kirche. Selbstverständlich brauchen Jugendliche Begleitung, doch wenn Professionelle den Betrieb aufrechterhalten, wird kaum Leben entstehen. In diesem Bereich ist das Modell Spurgruppe besonders hilfreich. Es genügen wenige motivierte Jugendliche, um anzufangen.

Kindern und Jugendlichen ein neues Gottesverständnis anzubieten, wird eine zentrale Aufgabe der Katechese sein. Kinder lieben Mythen, aber wann und wie sollen diese bei reifendem Verständnis erklärt werden? Brauchen wir weiterhin den »lieben Gott«? Wie gehen wir mit dem Schöpfer der Welt um? Wie entwickeln wir unsere pädagogischen Ansätze, wenn das Kind aus seiner altersspezifischen Gehorsamsmoral zu einem Ethos der Liebe geführt werden soll? Die Katechese hat in dieser Hinsicht schon viel geleistet[144], doch wird weitere Reflexion bei Unterrichtenden und vor allem bei Eltern nötig sein.

Gottesdienstgestaltung

Auch wenn die einzelnen Gruppen das Leben der Gemeinde gewährleisten, ist es doch auch bereichernd, das Geheimnis des Lebens in grösseren Gemeinschaften zu feiern.

Der Gottesdienst der reformierten Kirchen hat die mythischen Elemente in grossem Mass aus den Gottesdiensten ausgeklammert. Das »Wort«, das im Vordergrund steht, hängt stark von der Subjektivität der Theologen ab, die es leiten. In den letzten Jahren zeigt sich das Bedürfnis, Elemente wie Kerzen, Farben, Rituale wieder einzuführen, das Geschehen selber wirken zu lassen.

Die Eucharistiefeier der katholischen und der orthodoxen Kirchen haben eine feste Form gefunden. Sie beziehen das Feierliche, das Mythische mit ein. Sie richtet sich an den ganzen Menschen, auch an die tieferen seelischen Dimensionen. Leider hat die Liturgiereform dazu geführt, dass die Feier mit ihrem wortreichen »Hochgebet« und andern wortlastigen Elementen inzwischen den Eindruck von Ein-Weg-Kommunikation noch weiter verstärkt hat.

Die Vermischung vom mythisch-symbolischer Form und erklärendem Wort ist nicht immer glücklich. Ein Ritus wie Taufe oder Eucharistie lebt von der Symbolik der Handlung. Eine Feier, bei der das Wort im Zentrum steht, hat einen andern Charakter; sie lebt von Lebendigkeit und herzlichem Kontakt. Immer aber gehört Stille dazu, denn sowohl Symbole als auch Worte müssen wirken können. Eine Kirche, die sich vor Stille fürchtet, steht im Verdacht leerer Betriebsamkeit. Dem heutigen Menschen wäre mit mehr Mut zur Stille gedient.

Der christliche Mythos im Jahreskreis

Das Christentum schaffte es, den Christus-Mythos mit dem Jahreskreis zu verbinden und darin auch Elemente anderer religiöser Traditionen aufzunehmen. Das Resultat ist das »Kirchenjahr«, ein genialer Entwurf mythischer Religiosität. Es beginnt mit Advent und Weihnacht, der Zeit der Sonnenwende. Das Erlebnis der länger werdenden Tage verbindet sich mit Erlösungs-Zuversicht. Das neugeborene Kind symbolisiert den

Beginn werdenden Lebens. Das Fest lädt ein zur Gottesgeburt in uns.

Im Frühling ersteht die Natur neu aus der winterlichen Erstarrung. Damit verbindet das Christentum den Mythos von Tod und Auferstehung, das ewige Geheimnis des Menschen von Not, Krankheit und Sterben. Im beginnenden Sommer feiert man den Heiligen Geist, der in der Form von Feuerzungen vom Himmel kam. Es geht um die bildhafte Darstellung der Aussage, dass Gott in jedem Menschen wirkt. Im Herbst gedenkt man der Toten, die den Weg schon gegangen sind.

Der Jahreskreis und seine mythische Färbung sind uns tief eingeprägt. Wir erfahren es, wenn eine Weihnachtsfeier mit ihren Liedern oder eine authentisch gestaltete Osternacht-Feier uns ergreifen[145]. Der Mythos wirkt in uns und gibt unserm Erleben Tiefe. Er malt in Farben, was uns schwarz-weiss überliefert wurde. Er orchestriert die Partitur der theologischen Aussagen.

Wenn das Christentum den Christus-Mythos lebendig erhalten will, muss er in Familien, Gruppen und Kirchgemeinden mit neuen Formen belebt werden. Dies wäre zudem eine gute Gelegenheit, einen zeitgemässen Umgang mit dem Christus-Mythos zu erlernen.

Mut ist gefragt

In seinem provokativen, aber sehr anregenden Buch »Glauben an einen Gott, den es nicht gibt«[146], entwirft Klaas Hendrikse einen Gottesdienst der Zukunft. Er schildert ihn so: »Die Akzente sind verschoben: vom christlichen Glauben auf Religion und Spiritualität, von Verkündigung auf Besinnung, von Wahrheit auf Sinnfragen, von der Predigt auf Gespräch [...] Die Bibel liegt auf dem Büchertisch, neben dem Koran, der Veda, den

Büchern des Dalai Lama und denen von Toon Telle-gen[147] und der Zeitung. Die Kanzel steht auf Rädchen und wird nur hereingefahren, wenn 'nostalgische Gottesdienste' gehalten werden [...]. Das Angebot ist vielfältig: Vorträge, Diskussionsgruppen, Kurse, Musik, Meditation, Stille, Buch- und Filmbesprechungen, Kunst, Geschichten für Gross und Klein, Poesie, spirituelle Bastelarbeit und so fort.« Das mag utopisch klingen, aber wenn in der heutigen Situation etwas gefordert ist, so ist es Fantasie und Mut.

Ein zukunftsträchtiges Modell von christlicher Gemeinde wurde in der Erzdiözese Poitiers eingeführt[148]: Die Pfarreistrukturen werden aufgelöst, der Pfarrer steht nicht mehr im Zentrum. Je fünf verantwortliche Laien übernehmen die Leitung einer örtlichen Gemeinde. Sie gründen oder begleiten Gruppen, die sich sozial engagieren. Sie geben Verantwortung an möglichst viele ab. Jeden Sonntag findet ein Gottesdienst statt, auch wenn kein Priester Eucharistie feiern kann.

Die Kirchen können abwarten, bis der Mangel an Mitglieder sie zu solchen Lösungen zwingt; mutiger wäre, sich jetzt schon zukunftsfreudig nach vorne zu orientieren.

Was können wir festhalten?

- Wir leben in einer Übergangszeit. Vieles in den Kirchen ist Auslaufmodell, kann aber nicht ohne Verlust sofort aufgegeben werden. Strukturänderungen brauchen Zeit, und Veränderungen im Bewusstsein dauern noch länger. Doch ist es gerade in Übergangszeiten wichtig, sich auf die Zukunft auszurichten.

- Zu Beginn des Buchs sprachen wir von einer Kirche der Engagierten, im Gegensatz zur Jedermanns-Kirche. Kirchen müssten deklarieren, was sie wollen: Geht es darum, möglichst viele dabei zu haben (das machte Sinn, solange man dachte, ausserhalb der Kirche gäbe es kein Heil), oder geht es darum, jene zu versammeln, die sich echt für »Christus« entscheiden wollen? Die Evangelien scheinen klar zur Entscheidung aufzurufen: Gott den ersten Platz im Leben zu geben, alles zu verkaufen, um den Acker mit dem verborgenen Schatz zu erwerben. Eine Kirche der Engagierten bräuchte andere Strukturen. Sie würde kleiner und hätte bedeutend weniger materielle Ressourcen.

- Einiges von dem, was hier vorgeschlagen wurde, wird an vielen Orten schon erprobt oder ist bereits eingeführt. Viele kämpfen gegen fundamentalistische und machtpolitische Tendenzen, nehmen auch Misserfolge in Kauf, lassen sich nicht entmutigen. Die Basis in der katholischen Kirche lässt sich von lebensfeindlichen Vorschriften nicht mehr behindern, sondern lebt engagiertes Christentum in Freiheit. In den evangelischen Kirchen gibt es eine grosse Vielfalt neuer Wege. Und nicht vergessen dürfen wir, was in dieser Schrift leider zu kurz kommt, die mutigen Initiativen in den Kirchen Südamerikas, Afrikas und Asiens.

Ausblick

Das Christentum zählt heute mehr als zwei Milliarden Menschen und ist damit die meistverbreitete Religion der Welt. In Asien, Afrika und Südamerika nimmt die Zahl der Christinnen und Christen immer noch zu. Der Papst versammelte kürzlich in den Philippinen rekordverdächtige sechs Millionen Menschen zum Gottesdienst. Das Christentum zeigt sich international immer noch als Erfolgsgeschichte.

Einen grossen Kontrast dazu bildet die Situation in der westlichen Welt. Viele haben sich vom Christentum verabschiedet. Andere leiden an Verletzungen aus der religiösen Erziehung; sie scheuen alles Kirchliche, ohne dem Christlichen ganz abzusagen. Wieder andere verschreiben sich fundamentalistischen Positionen und koppeln sich so von der Bewusstseinsentwicklung des heutigen Menschen ab.

In diesem Spannungsfeld stellt sich die Titelfrage dieses Buches: Bin ich noch Christ? Nur eine differenzierte Antwort wird der Frage gerecht.

Christsein bleibt für den Menschen der westlichen Kultur eine Option. Es gibt zwar keinen existierenden Gott, aber es gibt die Achtsamkeit auf das „Mehr als alles", auf das, was uns trägt, erleuchtet und ermächtigt. Es gibt keinen Schöpfer, aber es gibt das nicht durchschaubare Geheimnis der Welt. Es gibt keine Sanktionen in Himmel oder Hölle, aber es gibt die Einladung zur Liebe. Es gibt keinen erlösenden Jesus, aber es gibt einen Weg, nach seinen Vorgaben das Ausgeliefertsein an eine herzlose Welt zu bestehen. Es gibt keinen historischen Moment der Menschwerdung Gottes, aber es gibt die permanente Möglichkeit der Gottesgeburt in uns. Es gibt keine überzeitlichen Wahrheiten, aber es gibt Wege zur mystischen Erfahrung. Es gibt keine herrliche, unfehlbare Kirche, auf ewig gesichert durch göttliche Gründung, aber es gibt das solidarische Zusammenfinden jener, die den Impuls Jesu auf zeitgemässe Art im eigenen Leben umsetzen wollen.

Gesellschaftlich betrachtet hat das Christentum, zumindest wenn wir die Bergpredigt zum Massstab nehmen, noch kaum begonnen. Noch glauben »christliche« Nationen, mit Bomben und Boykott westliche Werte in fremden Ländern verbreiten zu können. Noch gelten in der Wirtschaft Konkurrenzkampf und feindliche Übernahme als Normalität. Noch geht es in politischen Parteien in oft ruppigem Streit um die eigene Macht. Kooperation, eine gemeinwohlorientierte Wirtschaft und eine ehrliche Entschuldigung der westlichen Welt den jahrzehntelang unterdrückten und ausgebeuteten Völkern der dritten Welt gegenüber würden einer christlich verwurzelten Kultur besser entsprechen. Kommt einmal eine Zeit, in welcher die Werte des Christentums auch in Politik und Wirtschaft Geltung bekommen?

Hörend auf das, was Menschen heute in der Tiefe bewegt, kann das Christentum, als einer der bedeutenden kulturellen Faktoren unserer Zivilisation, auch heute Impuls sein zu einer zukunftsfähigen Welt. Das muss nicht in den Strukturen der bisherigen Kirchen geschehen. Neue Formen sind möglich; Kirche ist überall, wo sich Menschen verbinden, um im Geist des Christentums zu leben.

Wer sich vom ständig neu inspirierenden Geist leiten lassen will, kann keine definitiven Wahrheiten verkünden. Das gilt natürlich auch von diesem Buch. Es will nicht festlegen, nicht überzeugen, es will anregen.

Jede Darstellung ist eine Momentaufnahme. Das Leben und das Reflektieren gehen weiter. Viel Neues wird sich in unserer bewegten Zeit noch zeigen. Inspirierte Einzelmenschen und engagierte Gruppen werden Weiterführendes ins Bewusstsein bringen. Aus andern Kontinenten werden neue Impulse aufbrechen, die wir noch nicht abschätzen können. Gefragt ist Verwurzelung in der eigenen Kultur, verbunden mit Achtsamkeit auf das, was der Geist in den Menschen heute bewegt.

Anmerkungen

1 Eine kurze Übersicht über die Weltreligionen bietet: Manfred Hutter, Die Weltreligionen. Beck Verlag 2005.
Zum aussereuropäischen Christentum gibt es eine vielfältige Literatur, die sich aber meist auf einzelne Länder oder Regionen bezieht. Länderübergreifende Darstellungen sind zum Beispiel:
- Stefanie Schmidt, Befreiungstheologie in Lateinamerika. Grin Verlag 2008.
- Franz Gmainer-Pranzl u.a. (Hrsg.), Christlicher Glaube im heutigen Afrika: Beiträge zu einer theologischen Standortbestimmung. Tyrolia Verlag 2013.
- Thomas Schreijäck (Hrsg.), Prekäres Christsein in Asien. Erfahrungen und Optionen einer Minderheitenreligion in multireligiösen Kontexten. Matthias-Grünewald-Verlag 2011.

2 Eine kurze und gut lesbare Darstellung der Entwicklung des Christentums findet sich in: Martin H. Jung, Kirchengeschichte. Verlag UTB 2014.
Wer sich speziell für die Entwicklung der Lehre interessiert, findet dies in: Bernd Moeller, Geschichte des Christentums in Grundzügen. Vandenhoeck & Ruprecht 2012.

3 Mit »Hellenismus« bezeichnet man die Kulturperiode der letzten drei Jahrhunderte vor Christus, die vom Geist des antiken Griechentums geprägt, aber auch mit Elementen orientalischer Religionen vermischt war.

4 Unter »Apokalypse« versteht man bilderreiche Vorstellungen eines nahen messianischen Ereignisses, in welchem Gott wirkungsmächtig in das Geschehen eingreift.

5 Die Bibelzitate werden in dieser Schrift nach der Einheitsübersetzung zitiert: Katholisches Bibelwerk 2005.

6 Paulus erlebte gemäss der Apostelgeschichte vor Damaskus eine Christus-Vision, die seine Lebensgeschichte und sein Wirken entscheidend veränderte: Apostelgeschichte 9,1-19.

7 Die Verbindung mit der Macht ist eine dauernde Versuchung für die christlichen Kirchen. Die katholische Kirche stützte den Diktator Franco im spanischen Bürgerkrieg. Mit Ausnahme engagierter Widerstands-Kreise paktierten die Kirchen auch allzu leicht mit dem Nationalsozialismus. Den Kampf gegen grausame Diktatoren in Südamerika führten Christen

an der Basis, von der Hierarchie in Rom wurden sie daran behindert.

8   Eine gute Einführung, geschrieben aus der Sicht heutiger Rosenkreuzer, bietet: Konrad Dietzfelbinger, Fall und Auferstehung des Christentums. Königsdorfer Verlag 2013.

9   Rüdiger Safranski, Religiöse Sehnsucht – Sehnsucht nach Religion. In: Wilfried Ruff (Herausgeber), Religiöses Erleben verstehen. Vandenhoeck & Ruprecht 2002.

10 Irenäus von Lyon wirkte in der zweiten Hälfte des zweiten Jahrhunderts in der Gegend von Lyon. Er übte einen grossen Einfluss auf die Theologie aus.

11 In Wikipedia findet sich unter dem Stichwort »Liste der historischen Gegenpäpste« eine vollständige Aufzählung.

12 Unter »Inquisition« versteht man kirchliche oder staatliche Institutionen, die Gerichtsverfahren gegen »Ketzer« durchführten. Die Inquisition entwickelte sich allmählich im Lauf des Mittelalters. Anfangs 13. Jahrhundert wurde sie durch ein »Inquisitionsverfahren« geregelt. In der katholischen Kirche bestand sie teilweise bis ins 18. Jahrhundert weiter.

13 Eine übersichtliche Darstellung der Hexenproblematik vom Altertum bis heute findet sich in: Marco Frenschkowski, Die Hexen. Eine kulturgeschichtliche Analyse. Marixverlag 2012.

14 Wikipedia, Artikel »Hexenverfolgung«.

15 Zu den Kreuzzügen gibt es eine gut lesbare und neuere Forschung einbeziehende Darstellung in: Martin Kaufhold, Die Kreuzzüge. Marixverlag 2011.

16 Es ging beim Ablass nicht um die Vergebung der Sünden - dafür gab es die Beichte -, sondern um den Erlass von Sündenstrafen im Jenseits.

17 Die Lehre vom Ablass wird im 10. Kapitel des »Katechismus der katholischen Kirche« von 1997 beschrieben. St.Bennnoverlag 2011.

18 Empfehlenswerte kurze Einführung: Helmut Feld, Franziskus von Assisi. C. H. Beck Verlag 2013. Die älteste Biographie, der viel Glaubwürdigkeit zugeschrieben werden kann, stammt von Thomas Celano, einem Zeitgenossen von Franziskus. Sie ist in deutscher Sprache im Internet zu finden: www.paxetbonum.net/biographies/celano1_de.html

19 Zum Beispiel der Roman von Luise Rinser, Bruder Feuer (1975). Fischer Verlag 2012. Franco Zeffirelli schuf 1972 den Franziskus-Film »Bruder Sonne, Schwester Mond«.

20 www.dachverband-der-beginen.de

21 Die Entstehung des Alten Testamentes ist kurz erklärt in: Christoph Levin, Das Alte Testament. C.H.Beck 2010.

22 Der Ein-Gott-Glaube wurde allerdings in Ägypten schon von König Echnaton (1364-1347 vor Christus) eingeführt.

23 Um 1950 wurden in Qumran beim Toten Meer viele äusserst wertvolle Manuskripte gefunden, die von der Zeit, in der Jesus lebte, berichten. Auch Teile der Bibel waren dabei.

24 Die gefundenen Schriften sind in Wikipedia unter dem Stichwort »Nag-Hammadi-Schriften« aufgelistet.

25 Josephus Flavius, 37-100 nach Christus, jüdisch-hellenischer Schriftsteller, schrieb in seiner »Geschichte des jüdischen Krieges« auch über Jesus und die ersten christlichen Gemeinden:
»Um diese Zeit lebte Jesus, ein Mensch voll Weisheit, wenn man ihn überhaupt einen Menschen nennen darf. Er tat nämlich ganz unglaubliche Dinge und war der Lehrer jener Menschen, die gern die Wahrheit aufnahmen; so zog er viele Juden und viele aus dem Heidentum an sich. Er war der Messias. Auf Anklage der Vornehmen bei uns verurteilte ihn Pilatus zwar zum Kreuzestod; und doch wurden die, welche ihn früher geliebt hatten, ihm auch jetzt nicht untreu. Er erschien ihnen nämlich am dritten Tage wieder lebend, wie gottgesandte Propheten neben tausend anderen wunderbaren Dingen von ihm verkündet hatten. Noch bis jetzt hat das Volk der Christen, die sich nach ihm nennen, nicht aufgehört.«

26 Publius Cornelius Tacitus, römischer Historiker, 58-120 nach Christus, schrieb in seinen »Annales« über den Brand Roms unter Nero. Hier erwähnt er die Christen, die von Nero der Brandstiftung beschuldigt wurden: »Dieser Name stammt von Chrestus, der unter Tiberius vom Prokurator Pontius Pilatus hingerichtet worden war.«

27 Wikipedia, Artikel »Bibelübersetzung«.

28 So heisst es zum Beispiel im 1. Samuel 15,3: »Darum zieh jetzt in den Kampf, und schlag Amalek! Weihe alles, was ihm gehört, dem Untergang! Schone es nicht, sondern töte Männer und Frauen, Kinder und Säuglinge, Rinder und Schafe, Kamele und Esel!« Diese vollständige Ausrottung eroberter Städte und Gebiete scheint im Altertum verbreitet gewesen zu sein.

29 Der Ausdruck »anathema sit« war ursprünglich eine Formel der Verfluchung und hiess etwa: Er sei dem Gericht Gottes übergeben. Schon Paulus brauchte das Wort »anathema« (Ga-

later 1,9). Im kirchlichen Gebrauch bekam es allmählich die Bedeutung von Kirchenausschluss.

30 Konzil von Trient, 1545 bis 1563.

31 Das erste Vatikanische Konzil definierte 1870: »Wenn der Römische Papst in höchster Lehrgewalt (= ex cathedra) spricht, das heisst: Wenn er seines Amtes als Hirte und Lehrer aller Christen waltend in höchster apostolischer Amtsgewalt endgültig entscheidet, eine Lehre über Glauben oder Sitten sei von der ganzen Kirche festzuhalten, so besitzt er auf Grund des göttlichen Beistandes, der ihm im heiligen Petrus verheissen ist, jene Unfehlbarkeit, mit der der göttliche Erlöser seine Kirche bei endgültigen Entscheidungen in Glaubens- und Sittenlehren ausgerüstet haben wollte. Diese endgültigen Entscheidungen des Römischen Papstes sind daher aus sich und nicht aufgrund der Zustimmung der Kirche unabänderlich.«

32 Bekannte Beispiele sind Leonardo Boff, Eugen Drewermann, Willigis Jäger, Hans Küng.

33 Bedeutend ist das Augsburger Bekenntnis von 1530, welches die Lehren der Reformation zusammenfasste. In der Schweiz entstanden 1536 und 1566 zwei Bekenntnisse aus der Sicht Zwinglis, das »Erste und das Zweite Schweizer Bekenntnis«.

34 Zum Beispiel in Galater 4,4: »Als aber die Zeit erfüllt war, sandte Gott seinen Sohn ...«

35 Philipper 2,6: »Er war Gott gleich, hielt aber nicht daran fest, wie Gott zu sein.« Allerdings wird an gleicher Stelle gesagt, dass er durch seine Erniedrigung von Gott erhöht wurde.

36 [Die heilige römische Kirche...] »glaubt fest, bekennt und verkündet, dass niemand ausserhalb der katholischen Kirche — weder Heide noch Jude noch Ungläubiger oder ein von der Einheit Getrennter — des ewigen Lebens teilhaftig wird, vielmehr dem ewigen Feuer verfällt, das dem Teufel und seinen Engeln bereitet ist, wenn er sich nicht vor dem Tod ihr [der Kirche] anschliesst. So viel bedeutet die Einheit des Leibes der Kirche, dass die kirchlichen Sakramente nur denen zum Heil gereichen, die in ihr bleiben, und dass nur ihnen Fasten, Almosen, andere fromme Werke und der Kriegsdienst des Christenlebens den ewigen Lohn erwirbt. Mag einer noch so viele Almosen geben, ja selbst sein Blut für den Namen Christi vergiessen, so kann er doch nicht gerettet werden, wenn er nicht im Schoss und in der Einheit der katholischen Kirche bleibt.« (Zitiert nach Wikipedia im Artikel »Extra ecclesiam nulla salus«).

37 Die verschiedenen Meinungen sind meist nur Teilaspekte des Ganzen. Sehr schön wird dies im Buddha-Gleichnis vom Elefanten illustriert, der von Blinden ertastet wurde: je nach erfasstem Körperteil wurde der Elefant anders beschrieben.

38 Unter Mystik versteht man »Berichte und Aussagen über die Erfahrung einer göttlichen oder absoluten Wirklichkeit sowie die Bemühungen um eine solche Erfahrung« (Definition Wikipedia).

39 Titel eines Buches (1992) von Dorothee Sölle. Herder Verlag 2006.

40 Novalis, Blütenstaub (1798). Die Christenheit oder Europa. Verlag Hofenberg 2013.

41 Neurologen haben eine Versuchsanlage entwickelt, mit der offenbar mystische Erfahrungen hervorgerufen werden können. Ich komme im Kapitel über Gott nochmals darauf zu sprechen.

42 Zum Beispiel in der Predigt »Vom innersten Grunde«.

43 Dafür setzt sich vor allem Dorothee Sölle ein, so in: Mystik und Widerstand, Herder Verlag 2014.

44 Dionysius Areopagita. Schriften, ausgewählt und kommentiert von Gerhard Wehr. Marix-Verlag 2013.

45 Vermutlich gab es viel mehr Mystikerinnen, als bekannt ist. Wenn eine Frau ihre Erfahrungen publizieren wollte, brauchte sie den Schutz eines einflussreichen Mannes, um nicht Risiken einzugehen.

46 Der Pietismus war eine Reformbewegung innerhalb des Protestantismus, die stark auf persönliche Frömmigkeit ausgerichtet war.

47 Hesychasmus (griechisch hesychia = Ruhe) ist seit dem 12. Jahrhundert bezeugt.

48 Karl Rahner in: Geist und Leben Nr. 39. Echter Verlag 1966.

49 Eugen Drewermann, Glauben in Freiheit, Bd. 3 – Religion und Naturwissenschaft, 1. Teil. Walter Verlag 1998.

50 Die Frage nach dem historischen Jesus stellt sich verschärft im Zusammenhang mit dem Buch »Zelot. Jesus von Nazareth und seine Zeit« (Rowohlt Verlag 2013) von Reza Aslan. Dieser vertritt die Ansicht, Jesus sei ein »Zelot« gewesen, einer der zahlreichen Eiferer für ein Königreich Gottes. Wenn Jesus auf einem Esel in Jerusalem eingezogen sei, habe er damit den Anspruch gezeigt, dass mit seiner Person jetzt das Gottesreich anbrechen sollte. Er habe aber klar gewusst, dass dies ohne

Kampf gegen die Römer nicht möglich war. Den gewaltfreien Jesus bezeichnet Aslan als eine spätere Erfindung der christlichen Gemeinden, die nach der Zerstörung Jerusalems vom Ruf einer revolutionären Gruppe abkommen wollten.

Das Buch besticht durch die plastische und gut belegte Schilderung der historischen Situation. Dass Jesus mit seiner kleinen Schar Gewalt anwenden wollte, ist allerdings unwahrscheinlich; wahrscheinlicher ist, dass er auf ein wunderbares Eingreifen Gottes hoffte. Aber schon nur die Hypothese, dass Jesus gewaltbereit gewesen und Gewaltlosigkeit spätere Erfindung wäre, stellt radikal die Frage: Was müsste es für das Christentum bedeuten, wenn Jesus anders gewesen wäre als der im Neuen Testament Geschilderte? Würde es seinen Wert verlieren? Verloren hätte es den unbeschwerten Bezug zu seinem Gründer, seine Identifikationsfigur. Doch die Botschaft bliebe im Grunde dieselbe: Es wären dann die christlichen Gemeinden gewesen, die ohne die Vorgaben einer grossen Persönlichkeit den genialen Wurf der christlichen Weisheitslehre getan hätten.

51 Markus hat in seinem Evangelium diese Ereignisse im 2. und 3. Kapitel zusammengefasst.

52 Thomas von Kempen, Nachfolge Christi, Verlag der Wissenschaften 2014.

53 Hubertus Halbfas hat in seinem Werk »Der Glaube« über mehrere Seiten eine bedeutende Ähnlichkeit zwischen dem Christusmythos der Bibel und entsprechenden Mythen aus dem alten Ägypten aufgezeigt. Der Glaube, Patmos-Verlag 2010.

54 Dazu siehe: Marion Küstenmacher u.a., Gott 9.0. Gütersloher Verlagshaus 2013.

55 Gianni Vattimo, Glauben – Philosophieren. Reclam Verlag 2003.

56 »Il Pensiero Debole« ist der Titel eines Buchs, das 1983 von Gianni Vattimo und Pier Rovatti im Verlag Feltrinelli herausgegeben wurde.

57 Zur Christusfigur in feministischer Sicht:
   – Julie Hopkins, Feministische Christologie. Wie Frauen heute von Jesus reden können. Grünewald Verlag 2001.
   – Elmar Klinge, Christologie im Feminismus. Friedrich Pustet Verlag 2001.

58 Nakashima Brock, Journeys by heart. A Christology of Erotic Power. Wipf & Stock 2008.

59 Elisabeth Schüssler Fiorenza, Zu ihrem Gedächtnis. Grünewald 1993.

60 Im Deutschen wird meist das Wort »Erbsünde« gebraucht. Dieses Wort übersetzt aber den lateinischen Ausdruck »peccatum originale«, das wörtlich »ursprüngliche Sünde« heisst, nicht korrekt.

61 Anselm von Canterbury hat im 11. Jahrhundert diesem Gedanken eine juristische Form entsprechend dem damaligen monarchischen Denken gegeben. Sie prägt bis heute die Vorstellung vieler von der christlichen Erlösungslehre.

62 Eugen Drewermann schildert ausgiebig, dass die Welt biologisch betrachtet alles andere als harmonisch ist. Sie ist ein brutales System, das eines gerechten und gütigen Gottes nicht würdig wäre. Eugen Drewermann, Und es geschah so. Die moderne Biologie und die Frage nach Gott. Glauben in Freiheit, Band 3, Teil 2. Walter Verlag 2002.

63 Auch Buddha sagt: »Geburt ist Leiden, Altern ist Leiden, Krankheit ist Leiden, Tod ist Leiden; Kummer, Lamentieren, Schmerz und Verzweiflung sind Leiden; Gesellschaft mit dem Ungeliebten ist Leiden, das Gewünschte nicht zu bekommen ist Leiden«. Sich mit dem Leiden auseinanderzusetzen, ist eine zentrale Aufgabe des Menschen.

64 Zitiert in Hubertus Halbfas, Der Glaube. Patmos Verlag 2010.

65 Siehe dazu den Abschnitt »Von aussen nach innen«.

66 Teilhard de Chardin, Der Mensch im Kosmos (1955). C.H. Beck Verlag 2010.

67 Teilhard berief sich in seinem religiösen Leben nicht auf Jesus, sondern bewusst auf Christus: »Solange ich in Dir, Jesus, nur den Mann von vor zweitausend Jahren, den erhabenen Sittenlehrer, den Freund, den Bruder zu sehen vermochte und wagte, ist meine Liebe zaghaft und gehemmt geblieben. [...] So bin ich also lange Zeit selbst als Glaubender umhergeirrt, ohne zu wissen, was ich liebte. Heute aber, Meister, da Du mir durch die Offenbarwerdung der übermenschlichen Vermögen, die die Auferstehung Dir verliehen hat, durch alle Mächte der Erde hindurch erscheinst, erkenne ich Dich als meinen Herrscher und liefere mich Dir mit Wonne aus.« (Teilhard de Chardin, Lobgesang des Alls. Walter Verlag 1961).

68 Rudolf Steiner, Der Christus-Impuls und die Entwicklung des Ich-Bewusstseins (1910). Rudolf Steiner Verlag 2012.

69 Zur Gnosis siehe 1. Kapitel, im Abschnitt »Kurze Übersicht über den Weg des Christentums«.

70 Die drei Teile der Christus-Trilogie sind:
    – Riverside. Christusnovelle. Suhrkamp Verlag 1991.
    – Johnny Shines oder Die Wiedererweckung der Toten. See-
      lenrede. Suhrkamp Verlag 1993.
    – Corpus Christi, Suhrkamp Verlag 1996.

71 Zitiert nach Anke van Heyl, Texte zur Kunst. Kultureventbüro
    27. Sept. 2006.

72 Hans Peter Riegel, Beuys – Die Biographie. Aufbau Verlag
    2013.

73 Nationaler Philharmonischer Chor Warschau, Polnisches
    Radiosinfonieorchester. Argo 1989. Dirigent Krzysztof Pen-
    derecki.

74 Reiner Wimmer, Simone Weil. Person und Werk. Herder 2009.

75 Jim Forest, Das Mass ist Liebe. Pendo Verlag 1989.
    Dorothy Day, Ich konnte nicht vorüber (Autobiographie).
    Herder Verlag 1957.

76 Dag Hammarskjöld, Zeichen am Weg (1965). Das spirituelle
    Tagebuch des UN-Generalsekretärs. Verlag Urachhaus 2012.

77 Nelson Mandela, Der lange Weg zur Freiheit (Autobiogra-
    phie). Fischer Verlag 2014.

78 Die verschiedenen Entwicklungsstufen der Gottesvorstellun-
    gen sind sehr ansprechend dargestellt in: Marion Küstenma-
    cher u.a., Gott 9.0. Gütersloher Verlagshaus 2011.

79 Jürgen Halbfas beschreibt in seinem Buch »Der Glaube« die
    archäologischen Funde aus dem 7. und 8. Jahrhundert vor
    Christus. Jürgen Halbfas, Der Glaube. Patmos Verlag 2010.

80 Es wäre eine sehr anregende Aufgabe, auch die Gottesvorstel-
    lungen anderer Religionen einzubeziehen und sie mit den
    christlichen zu vergleichen. Weil es sich hier um eine Schrift
    über das Christentum handelt und das Buch nicht zu umfang-
    reich werden sollte, muss auf einschlägige Literatur verwiesen
    werden. Einen ersten Überblick gibt: Manfred Hutter, Die
    Weltreligionen. Beck Verlag 2005.

81 Die Worte »und dem Sohn« wurden später eingefügt und
    werden von der orthodoxen Kirche abgelehnt. Im Text ohne
    den Einschub gilt der Heilige Geist als unabhängig vom Sohn
    (und damit vor allem seinen Stellvertretern auf Erden).

82 Ludwig Feuerbach, deutscher Philosoph. Bekannt wurde sein
    Hauptwerk: Das Wesen des Christentums (1841), Anaconda
    Verlag 2014.

83 Karl Marx, zusammen mit Friedrich Engels Begründer des Kommunismus. Sein Hauptwerk ist »Das Kapital« (1867). Nikol Verlagsgesellschaft 2014. In Kurzform proklamierten sie ihre Idee im »Kommunistischen Manifest« (1848), C.H.Beck Verlag 2012.

84 Sigmund Freud, Begründer der Psychoanalyse, war bekennender Atheist. Die Zukunft einer Illusion (1927). Europäischer Literaturverlag Juli 2014.

85 Friedrich Nietzsche prägte den Satz »Gott ist tot«, der sich im Bewusstsein der westlichen Kultur einprägte. Eine sehr eindrückliche Illustration dazu ist sein Text »Der tolle Mensch«: »Wohin ist Gott? rief er, ich will es euch sagen! Wir haben ihn getötet – ihr und ich [...] Wie vermochten wir das Meer auszutrinken? Wer gab uns den Schwamm, um den ganzen Horizont wegzuwischen? Was taten wir, als wir diese Erde von ihrer Sonne losketteten? Wohin bewegt sie sich nun? Wohin bewegen wir uns? Fort von allen Sonnen? Stürzen wir nicht fortwährend? Und rückwärts, seitwärts, vorwärts, nach allen Seiten? Gibt es noch ein Oben und ein Unten? Irren wir nicht durch ein unendliches Nichts? Haucht uns nicht der leere Raum an? Ist es nicht kälter geworden? Kommt nicht immerfort die Nacht und mehr Nacht? Müssen nicht Laternen am Vormittage angezündet werden? Hören wir noch nichts von dem Lärm der Totengräber, welche Gott begraben? Riechen wir noch nichts von der göttlichen Verwesung? – Auch Götter verwesen! Gott ist tot! Gott bleibt tot! Und wir haben ihn getötet!« (Die fröhliche Wissenschaft, 1882. Hofemberg Verlag 2013).

86 Dorothee Sölle, Atheistisch an Gott glauben. Walter Verlag 1968.

87 »Gott liebt sein Volk und die Gerechtigkeit. Deshalb leidet er mit allen Leidenden, weil er an ihrem Schicksal teilnimmt.« (Jürgen Moltmann, Der gekreuzigte Gott. Gütersloher Verlagshaus 2002).

88 Julia Enxing, Gott im Werden. Verlag Friedrich Pustet 2013.

89 Ein engagiertes Plaidoyer für die negative Theologie findet sich in: Andreas Benk, Gott ist nicht gut und nicht gerecht. Zum Gottesbild der Gegenwart. Patmos Verlag 2012.

90 Eine gute Zusammenfassung gibt Wolfgang Welsch in seinem Buch »Vernunft«. Suhrkamp Verlag 1996.

91 Karl Jaspers hat seine Gedanken zu »Gott« in seiner gut lesbaren »Einführung in die Philosophie« (1950) zusammengefasst. Piper Verlag 2013.

92 Wittgensteins Einstellung zum Thema »Gott« wird in: Thomas Rentsch, Gott. De Gruyter Verlag 2005, ausführlich behandelt. Eigene Aussagen zum Thema finden sich in: Tractatis logico-philosophicus (1921). Suhrkamp Verlag 2003, und in seinem Tagebuch 1914-1918. Notebooks 1914-1918, Blackwell 1991.

93 In seinem Tagebuch fasst er seine Gedanken in einem berühmten Text zusammen:
»Was weiss ich über Gott und den Zweck des Lebens?
Ich weiss, dass diese Welt ist.
Dass ich in ihr stehe wie mein Auge in seinem Gesichtsfeld.
Dass etwas an ihr problematisch ist, was wir ihren Sinn nennen.
Dass dieser Sinn nicht in ihr liegt, sondern ausser ihr.
Dass das Leben die Welt ist.
Dass mein Wille die Welt durchdringt.
Dass mein Wille gut oder böse ist.
Dass also Gut und Böse mit dem Sinn der Welt irgendwie zusammenhängt.
Den Sinn des Lebens, d.i. den Sinn der Welt, können wir Gott nennen.«
(Ludwig Wittgenstein, Tagebuch 1914-1918, Eintrag vom 8.7.1918).

94 Die Ausführungen von Emmanuel Lévinas zu Gott finden sich in mehreren seiner Werke, vor allem in »Totalität und Unendlichkeit« (1961). Karl Alber Verlag 2014. Da seine Sprache sehr anspruchsvoll ist, empfiehlt sich als erste Lesung die Einführung von Norbert Fischer und Jakub Sirovatka (Hrsg.), Die Gottesfrage in der Philosophie von Emmanuel Levinas. Felix Meiner Verlag 2013.

95 Die Wissenschaft habe sich dem Urknall angenähert bis auf 10^{-43} Sekunden. Eine kleinere Zeiteinheit gibt es nicht.

96 Edmund Husserl (1859-1938), Die Krisis der europäischen Wissenschaften und die transzendentale Phänomenologie (1936). Meiner Felix Verlag 2012.

97 Ludwig Wittgenstein: Tractatus logico-philosophicus (1921). Suhrkamp Verlag 2003.

98 Der Molekularbiologe Dean Hamer (Das Gottesgen, Kösel Verlag 2006) fand in Experimenten heraus, dass spirituelle Erfahrungen mit Elektroden hervorgerufen werden können. Die

Experimente wurden inzwischen auch wieder in Frage gestellt.

99 Martin Buber hat in eindrücklicher Weise darauf hingewiesen, dass die Beziehung Ich-Du von einer ganz anderen Qualität ist als das Verhältnis zu einer Sache. Martin Buber, Ich und Du (1923). Gütersloher Verlagshaus 2005.

100 Paul Tillich, In der Tiefe ist Wahrheit (1952). In: Walter de Gruyter Verlag 1988.

101 Gerd Theissen, Glaubenssätze. Ein kritischer Katechismus. Gütersloher Verlagshaus 2012.

102 Dietrich Bonhoeffer, Akt und Sein, Transzendentalphilosophie und Ontologie in der systematischen Theologie, München 1956.

103 So heisst zum Beispiel ein provokativer Buchtitel von Mary Daly: »Jenseits von Gottvater, Sohn & Co.« (Verlag Frauenoffensive 1986).

104 C.G. Jung, Antwort auf Hiob (1952). Gesammelte Werke Band 11, Patmos Verlag 2011.

105 So sagt auch Elizabeth Cady Stanton in der Frauenbibel: »Das Beste an der katholischen Kirche ist die Vergöttlichung Marias« (in: The Womans's Bible. Seattle 1974).

106 In La Salette in den französischen Alpen erschien Maria 1846 zwei Kindern; sie weinte über die Glaubenslosigkeit jener Zeit. In Lourdes in den französischen Pyrenäen erschien sie 1858 Bernadette Soubirou; sie offenbarte sich als Unbefleckte Empfängnis. In Fatima, Portugal, erschien sie 1917 drei Hirtenkindern; die Erscheinung wurde berühmt durch die drei »Geheimnisse«.

107 Die Idee einer Miterlöserschaft Marias entstand schon sehr früh. Im Vorfeld des zweiten Vatikanischen Konzils gab es eine Petition, das Konzil solle ein Dogma »Maria Miterlöserin« formulieren.

108 Das Salve Regina entstand 1054 und wird Hermann von Reichenau zugeschrieben; es ist heute noch fester Bestandteil des kirchlichen Chorgebets.

109 Übersetzung Wikipedia.

110 »Glauben« hat im Hebräischen den gleichen Wortstamm wie »Amen« und bedeutet: Fest und zuverlässig sein.

111 Zu den evangelischen Glaubensbekenntnissen siehe Anmerkung 33.

112 »So stand es um das unglückliche Kind, das sich am 25. Dezember 1886 in Notre-Dame de Paris begab, um dort dem Weihnachtshochamt beizuwohnen. Damals fing ich zu schriftstellern an und hatte die Vorstellung, ich könnte in den katholischen Zeremonien, die ich mit dünkelhaftem Dilettantismus betrachtete, ein geeignetes Reizmittel und den Stoff für ein paar dekadente Übungen finden (...) Dann, da ich nichts Besseres zu tun hatte, kam ich zur Vesper wieder. Die Knaben der Singschule in weißen Gewändern sangen gerade, und die Schüler des kleinen Seminars Saint-Nicolaus-du-Chardonnet, die ihnen dabei zur Seite standen, hatten eben, wie ich später erfuhr, das Magnificat angestimmt. Ich selbst stand in der Menge in der Nähe des zweiten Pfeilers am Choranfang, rechts auf der Seite der Sakristei. Da nun vollzog sich das Ereignis, das für mein ganzes Leben bestimmend sein sollte. In einem Nu wurde mein Herz ergriffen, ich glaubte. Ich glaubte mit einer so mächtigen inneren Zustimmung, mein ganzes Sein wurde geradezu gewaltsam emporgerissen, ich glaubte mit einer so starken Überzeugung, mit solch unbeschreiblicher Gewissheit, dass keinerlei Zweifel auch nur für den leisesten Zweifel offen blieb.« (Paul-André Lesort, Paul Claudel in Selbstzeugnissen und Bilddokumenten, Rowohlt 1964).

113 Die Liebesethik ist eine Zielvorstellung. In der Wirklichkeit müssen Regeln und gelegentlich sogar Zwang das Verhalten steuern, wo die persönliche Reife fehlt. Gesellschaftliche Ethik gibt sich durch Konsens Regeln, die der Staat durchsetzt. Auch Einzelne werden sich Regeln geben, um auch dann richtig zu handeln, wenn sie im Augenblick keine Liebe spüren. Christliche Ethik ist bemüht, auch diese Regulierungen aus einer Gesinnung der Liebe zu vollziehen.

114 »Wenn ich meine ganze Habe verschenkte, und wenn ich meinen Leib dem Feuer übergäbe, hätte aber die Liebe nicht, nützte es mir nichts« (1. Korinther 13,1-3).

115 Aurelius Augustinus, In epistulam Ioannis ad Parthos.

116 Die Gewissheit ist natürlich nicht absolut; ich bleibe beeinflussbar und deshalb irrtumsfähig. Es gehört zum Wagnis der Freiheit, der Intuition trotzdem zu folgen.

117 Leonardo Boff, Die Kirche neu erfinden. Matthias Grünewald Verlag 2011.

118 Asipa: Asian Integral Pastoral Approach. www.asipa.ch.

119 Benedikt von Nursia, Die Mönchsregel des heiligen Benediktus. Anaconda Verlag 2009.

120 Meister Eckhart, Vom innersten Grunde. In: Meister Eckhart, Mystische Schriften. Insel Verlag 1991.

121 Emmanuel Jungclaussen, Hrsg.: Von der Leichtigkeit, Gott zu finden. Das innere Gebet der Madame Guyon. Neufeld Verlag 2009.

122 Klaus Mylius, Die vier edlen Wahrheiten. Philipp Reclam jun. 1998.

123 Viktor E. Frankl, Der Mensch vor der Frage nach dem Sinn (1979). Piper Verlag 2014.

124 Viktor Frankl, Trotzdem Ja zum Leben sagen (1982). Kösel Verlag 2009.

125 Friedrich Nietzsche, Menschliches, Allzumenschliches (1878). DTV 1999.

126 Gemäss Umfragen in Europa und Nordamerika sind mindestens 20% der Bevölkerung von der Reinkarnation in irgendeiner Form überzeugt oder sympathisieren mit ihr.

127 Eine gute Übersicht über Experimente und Stellungnahmen findet sich in:
http://www.pm-magazin.de/a/mysterium-nahtod

128 Auch gewisse Universitäten führten entsprechende Lehrstühle. Inzwischen wurden mehrere davon auch wegen mangelnder Beweiskraft wieder geschlossen. Eine Übersicht über die entsprechenden Institutionen findet sich unter:
http://archived.parapsych.org/psi_research_laboratories

129 Der Neuropsychiater Peter Fenwick vom Londoner Institut für Psychiatrie und der Mediziner Sam Parnia von der Universitäts-Klinik Southhampton konnten mit ihren Messgeräten in den Gehirnen der Betroffenen keinerlei Aktivität mehr feststellen. Trotzdem schilderten sieben der Überlebenden anschließend medizinische Details aus dem Behandlungsraum, die sie nach bisherigem Wissen unmöglich wahrnehmen konnten (Zum Nachweis siehe Anmerkung 128).

130 Katechismus der katholischen Kirche (Kompendium), Pattloch Verlag 2003.

131 Gerd Theissen, Glaubenssätze. Ein kritischer Katechismus. Gütersloher Verlagshaus 2012.

132 Dorothee Sölle, Es muss doch mehr als alles geben. Hoffmann und Campe 1992.

133 Rüdiger Safranski, Religiöse Sehnsucht – Sehnsucht nach Religion. In: Wilfried Ruff (Hrsg.), Religiöses Erleben verstehen. Vandenhoeck & Ruprecht Verlag 2002.

134 Als Beispiele seien genannt:
- Hubertus Halbfas, Glaubensverlust. Patmos Verlag 2012.
- Klaas Hendrikse, Glauben an einen Gott, den es nicht gibt. Theologischer Verlag 2013.
- Klaus-Peter Jörns, Notwendige Abschiede. Gütersloher Verlagshaus 2009.
- Andreas Knapp, Glaube, der nach Freiheit schmeckt. Herder Verlag 2013
- John Shelby Spong, Was sich im Christentum ändern muss. Patmos Verlag 2004

135 Manfred Josuttis beschreibt es so: »Der protestantische Pfarrer ist eine merkwürdige Zwitterfigur. Der Ausbildung und Amtstracht nach tritt er auf als Gelehrter. Durch die Art seiner Dienstleistungen gehört er in die Reihe der Priester. In seinem theologischen Selbstverständnis möchte er am liebsten als Prophet agieren. Und die meiste Zeit verbringt er wahrscheinlich damit, die Rollen des kirchlichen Verwaltungsbeamten und des gemeindlichen Freizeitanimateurs zu spielen.« (Der Pfarrer ist anders. Aspekte einer zeitgenössischen Pastoraltheologie. Chr. Kaiser Verlag 1998).

136 Ich verzichte hier bewusst, auf die grossen Themen wie Zölibat, Sexualmoral, Stellung der Frau, Missbrauch von Kindern einzugehen, nicht weil ich sie nicht wichtig fände, sondern weil sie bereits genügend Platz im öffentlichen Diskurs finden.

137 Zweites Vatikanisches Konzil, Dogmatische Konstitution »Lumen Gentium«.

138 Eine breite Übersicht über die soziologische Vielfalt von Religion und Glauben in der Schweiz bietet die Studie des Schweizerischen Nationalfonds NFP 58, publiziert 2011.

139 In Österreich bildete sich 2006 eine Gruppe von Pfarrern, welche sich zum Ungehorsam der unbeweglichen katholischen Amtskirche gegenüber bekannt haben. Inzwischen haben mehrere Hundert Pfarrer die Initiative unterschrieben. Paul Michael Zulehner, Aufruf zum Ungehorsam. Taten, nicht Worte reformieren die Kirche. Schwabenverlag, Ostfildern 2012.

140 Fulbert Steffensky, Vortrag zur Festveranstaltung »Dialog der Religionen – für die Zukunft bilden« am 6. November 2009 in der Französischen Friedrichstadtkirche Berlin.

141 Hubertus Halbfas, Der Glaube. Patmos Verlag 2010.

142 Fulbert Steffensky, Allein selig machend? In: Hamburger Abendblatt 12.9.2000.

143 Hans Küng, Projekt Weltethos. Piper Verlag 2011.

144 Ich denke hier an die Arbeiten von Fritz Oser und Hubertus Halbfas. Aktuell ist das Buch von Halbfas: Religionsunterricht nach dem Glaubensverlust. Eine Fundamentalkritik. Patmos Verlag 2014.

145 Im Buch »Mehr Meer« schildert Ilma Rakusa auf sehr eindrückliche Weise eine orthodoxe und eine katholische Auferstehungsfeier. (Literaturverlag Droschl 2009). Es wird spürbar, wie uralte Archetypen angerührt werden und den ganzen Menschen ergreifen.

146 Klaas Hendrikse, Glauben an einen Gott, den es nicht gibt. Theologischer Verlag 2013.

147 Kinderbuch-Autor aus Holland.

148 Albert Rouet, Un nouveau visage d'Eglise, Edition Bayard 2005.